Mit dem Herzen atmen

Einleitung

Wer das Wort ergreift, hat es in der Hand, wenn er schreibt, und im Mund, wenn er spricht, damit das Herz eines anderen Menschen zu berühren. Das kann ihm aber nur gelingen, wenn sein Wort aus dem Herzen kommt, sein Klang aus einer Tiefe, die mehr zu vermitteln vermag als bloßes Wissen. Genau das will der Titel dieses Buches zum Ausdruck bringen. Dazu ermutigt hat mich zuallererst die sogar von Medizinern bisher kaum beachtete anatomische Besonderheit, auf die schon vor Jahren der Klangforscher Alexander Lauterwasser hingewiesen hat. Demnach wird die Stimme eines Menschen von zwei Nervensträngen gesteuert, die ihren Weg nicht direkt vom Gehirn zu den Stimmbändern, sondern über den „Umweg" des Herzens nehmen. So darf auch im rein naturwissenschaftlich-medizinischen Sinn der Klang der menschlichen Stimme als aus dem Herzen kommend verstanden werden. In jedem durch den ausströmenden Luftzug hervorgehenden und erklingenden Ton, mit jedem Laut, den ein Mensch von sich gibt, macht er rein physikalisch betrachtet seinen Atem hörbar. Im so hörbar gemachten Atem schwingt und wirkt das Herz auf so wundersame Weise mit, dass wir (freilich ohne das „beweisen" zu können) im Klang der Stimme eines Menschen seine Seele zu hören vermögen. Die Seele des Menschen, das Unsichtbare, Verborgene, Ungegenständliche und gewissermaßen Unfassbare, wird so „erahnbar", hörbar durch unser so sensibel auf den Klang hin gebildetes Ohr. Deshalb hören Menschen, wenn sie miteinander reden, nicht nur, was sie zueinander sagen, sie hören vor allem hinter den Worten und zwischen den Zeilen, ... sie damit meinen. Noch rätselhafter und in ihrer Bedeutung und Funktion bis heute für die Anatomen anscheinend gar nicht erklärbar sind zwei kleine Ausbuchtungen an den Innenwänden der beiden Vorhöfe des Herzens selbst, denen man den sinnfälligen Namen „Herzohren" gegeben hat. Sollte also, wenn Menschen miteinander zu reden beginnen, selbst das Herz auf etwas hinlauschen und hinhorchen, ohne das die menschliche Stimme leblos und seelenlos bliebe?

Zu diesem Buch haben mich darüber hinaus persönliche Erinnerungen ermutigt, die ich als Einladung an meine Leserinnen und Leser verstehe, im eigenen „Vergangensein" nach den dort geborgenen unverlierbaren Kostbarkeiten zu suchen.

Ein Wort des Philosophen Sokrates an seine Schüler lautet: „Sprich, damit ich dich sehe!" Miteinander- und Voneinander-Lernen wächst nicht aus stumm-staunendem Zuhören, sondern aus gegenseitigem „Hebammendienst", der einem Menschen Mut zu machen weiß, den Mund aufzutun und davon zu reden, was in seinem Herzen vor sich geht. Erzähl von dir! Schreib auf, was du denkst, und teil es mit anderen! Nur so wollte der Weise auf dem Marktplatz in Athen Philosophie betreiben, nur so konnte in seinem Sinn „die Liebe zur Weisheit" wachsen. Nur so können Hörende zu Redenden, Lesende zu Schreibenden und nicht zuletzt Redende und Schreibende zu Fragenden werden. Nur dadurch entsteht die ewig junge Landschaft des Miteinander-Teilens, aus dem im besten Sinne des Wortes „Mitteilen" wächst. Der Gipfel der Weisheit liegt dabei freilich nicht in ewig gültigen Antworten, sondern im Wechselspiel von Frage und Antwort in immer neuen Erkenntnissen, die präziser gestellte Fragen zur Folge haben.

Aus dem Zettelkasten meiner persönlichen Aufzeichnungen habe ich 65 Skizzen bis hin zu lyrischen Notizen in unterschiedlichen literarischen Gattungen hervorgeholt, um sie in diesem Buch in all ihrer Unvollständigkeit darzulegen. Die Zahl „65" bezieht sich dabei auf meine bis jetzt erlebten Lebensjahre und erhebt darüber hinaus keinerlei Anspruch auf weitere besondere Bedeutung, schon gar nicht darauf, dass einige meiner Zeitgenossen meinen, das wahre Leben finge erst „mit 66 Jahren" an. In diesen Beiträgen wird, so hoffe ich, auch etwas von dem spürbar, was ich persönlich unter Spiritualität verstehe: Ein Reden und Schreiben, das nicht nur „Erinnerung" weckt und Wissen vermittelt, sondern „Verinnerung" bedeutet und ein „Begriffen-haben" in ein „Ergriffensein" wandelt. Wertvolle Unterstützung habe ich dabei von meiner Freundin Ingrid Spona erfahren. Albert Einstein nennt denjenigen einen Freund, „der die Melodie deines Herzens kennt und sie dir vorspielt, wenn du sie vergessen hast". In diesem Sinne hoffe ich, dass möglichst viele meiner Leserinnen und Leser im Folgenden einen Text finden, der sie „von innen her" anrührt und ihnen zum Freund wird.

Arnold Mettnitzer

Erinnertes

I

Franz Turbing

Wenn ich im kleinen Kirchlein meiner Kindheit in Altersberg stehe, gilt mein Besuch immer noch vor allem meinem ersten Heimatpfarrer. Ein scheuer Mann mit leiser Stimme, gütig und anspruchslos. Ich erinnere mich, wie ich am Sonntag immer gespannt auf das Klingelzeichen von der Sakristei her warte. Erst mit diesem Klang und dem Erscheinen des Pfarrers wird es lebendig und spannend im Raum. Was er sagt, verstehe ich zwar nicht, aber ich fühle mich verstanden, daheim und geborgen, mehr als in meinem Elternhaus. Wenn er uns dort besucht, schlägt mir vor Freude das Herz bis zum Hals. Mein Vater sucht das Weite. Meine Mutter deckt den Tisch zur Bewirtung. Wenn sie mit ihm spricht, liegt in ihrer Stimme ein angenehmer Ton, den ich so aus ihren Gesprächen mit unserem Vater nicht kenne. Franz Turbing (1899–1962) ist ein guter Zuhörer. Für meine Mutter immer wieder eine Klagemauer. Der Pfarrer meiner kleinen Kinderseele ist mir so im besten Sinn des Wortes als „Seelsorger" in Erinnerung. Warum er aus Deutschland nach Kärnten gekommen ist, vermag niemand zu sagen. „Dem hochwürdigen Herrn" persönliche Fragen zu stellen, ist damals wohl niemandem eingefallen. Französisch, Englisch und Italienisch beherrscht er „schulmäßig", wie es im Personalbogen der Diözese Gurk-Klagenfurt heißt. Er wird ähnliche Anstrengungen wie beim Erlernen einer Fremdsprache gebraucht haben, um sich als Saarländer im Dialekt und in der Mentalität der Oberkärntner Bauern zurechtzufinden.

In meinem dritten Lebensjahr, an einem Sonntag in der Kirche in Altersberg, taucht zum ersten Mal der Wunsch auf, „Pfarrer" zu werden; in einem günstigen Moment der Stille während des Gottesdienstes teile ich diesen meinen Wunsch für alle gut hörbar meiner Mutter mit. So einer wie er will ich werden. Einer, der am Sonntag die Menschen in „seiner" Kirche versammelt, mit ihnen betet und singt, bei Hausbesuchen allein durch sein Auftauchen Atmosphäre verwandelt und beim Gespräch eher zuhört, selten und wenn schon, dann kurze Fragen stellt und zum Schluss fürstlich bewirtet wird. Die Faszination, die von ihm und seinem Wesen ausging, spüre ich heute noch. Jedenfalls war sie groß genug, um mich studieren und Seelsorger werden zu lassen. Und als mir im Oktober 1996 mit einem Schreiben des österreichischen Bundesministeriums für Gesundheit mitgeteilt wird, dass ich als Psychotherapeut in die Psychotherapeutenliste eingetragen und somit zur selbstständigen Ausübung der Psychotherapie berechtigt bin, feiere ich diesen Moment mit meiner mit mir inzwischen verheirateten Frau mit einem Festessen im besten Restaurant des Bezirks. Im Grunde ist nämlich erst mit diesem Schritt der Traum eines Dreijährigen in Erfüllung gegangen.

2

Verkostbare Kindheit

Vor meinem Elternhaus stand ein mächtiger Quittenstrauch. Jedes Jahr klagte meine Mutter über die Mühe, sie sagte dazu „Patzerei", die ihr die Zubereitung von Marmelade und Quittenkäse aus den von diesem Strauch geernteten Früchten bereitete. Das Ergebnis ihrer Arbeit allerdings konnte sich sehen und schmecken lassen. Bei der Alternative Marmelade oder Quittenkäse kann ich mich heute noch nicht entscheiden, am liebsten beides, vorausgesetzt, beides ist aus der Quitte hergestellt. „Die Quitte – viel mehr als nur eine ferne Erinnerung ..." So beginnt ein Buch, das der Quitte gewidmet ist.[1]

Die Quitte ist eine ebenso charmante wie altmodische Frucht. Allein ihr Duft ist bezaubernd: zart, frisch, herb, pelzig – irgendwo zwischen Apfel und Birne und doch ganz eigen und anders. Bis sie in den letzten Jahren wiederentdeckt wurde, lag die Quitte im Dornröschenschlaf. In der Küche verwendete man sie nur zur Herstellung von Marmelade, Gelee, Kompott oder Quittenbrot, auch Quittenkäse genannt. Nie aber wurde die Quitte dabei zum Küchenschlager; auf Märkten fand man sie kaum, schon gar nicht im Supermarkt, geschweige denn in der Haubenküche. Auch aus den Gärten schien sie schon lange verschwunden zu sein.

Ein Quittenbaum wird nicht jahrhundertealt. Seine Lebensdauer ist mit 40 bis 55 Jahren angegeben. Daraus könnte man schließen, dass seine Ära bis in die 1960er-Jahre reichte und danach nur noch von ausgesprochenen Liebhabern neue Bäume beziehungsweise Sträucher gepflanzt wurden. Der britische Biogärtner Monty Don vermutet, dass es unser Instantzeitgeist ist, der der Quitte keine Beachtung mehr schenkt. Wie mein Quittenbuch verrät, ist die Frucht bedingt durch den hohen Anteil an sogenannten Steinzellen, an dem ausgesprochen harten Fruchtfleisch und am Gehalt an Fruchtsäuren und Gerbstoffen, roh nicht genießbar. Wer an ihrem Genuss interessiert ist, benötigt also viel Zeit.

Noch im 19. Jahrhundert wurde der Anbau von Quitten trotz ihrer herben Widerspenstigkeit als ein sich auch wirtschaftlich lohnendes Projekt betrachtet. Johann Ludwig Christ schrieb 1814 in seinem „Allgemein-practische(n) Gartenbuch für den Bürger und Landmann über den Küchen- und Obstgarten": „Die Quitten sind zwar kein Obst für jeden Gartenbesitzer, wenigstens nicht zur eigenen Consumation. Es kann aber indessen mancher bald diese, bald jene Absicht dabey haben, diesen Baum auch in seinem Garten zu haben, um seine Früchte zu erzielen. Wenigstens werde solche in den Apotheken, von Zuckerbeckern und anderen gut bezahlet."[2] Immer wieder bereiten mir Menschen, die wissen, was mir die Quitte bedeutet, mit aus ihr bereiteter Marmelade oder Käse besondere Freude. Eine Freundin beschenkt mich mehrmals im Jahr mit Likör, Käse und Tee aus Quitten, die am Iselsberg wachsen.

Wer immer den Quittenstrauch im Garten meines Elternhauses gepflanzt hat, alles, was ich heute von der Quitte genieße, ist mir seit Kindertagen vertraut, geradezu heilig, die innigste Erinnerung an das erste Haus meines Lebens. Dieses Haus gibt es schon lange nicht mehr, auch den Lindenbaum davor nicht und schon gar nicht den Quittenstrauch. Verschwunden sind mit ihm auch der Garten, der Brunnen dahinter und die Bienenstöcke meines Großvaters. Nein, eben nicht verschwunden, sondern gebündelt da im Geschmack der Quitte, löffelweise von innen her „verkostbare" Kindheit. Wie arm bin ich, wenn ich nur an das denke, was im Laufe des Lebens verloren gegangen ist, wie reich aber, wenn ich auf das zu schauen vermag, was mir durch alle Höhen und Tiefen hindurch geblieben ist!

3

Einladung zum Oktoberfest

In meiner Zeit als Kaplan in Spittal an der Drau besucht uns im Pfarrhof ein Jerusalem-Pilger und bittet für ein paar Tage um Gastfreundschaft. Als Dank dafür liest er uns die Zukunft aus der Hand, prophezeit Ereignisse, die auch kurz danach tatsächlich eintreffen, und sorgt mit seiner heiteren Art für eine angenehme Atmosphäre im Haus. Mir als dem Jüngsten in der Runde sagt er ein langes Leben mit vielen positiven Überraschungen voraus, von einem kleinen Verkehrsunfall in naher Zukunft solle ich mich nicht verunsichern lassen! Als ich dann tatsächlich eine Woche später auf der Fahrt zum Begräbnis meines Onkels Michael schuldlos in einen harmlosen Unfall gerate und mit Blechschaden weiterfahre, ist unser Pilger schon über alle Berge in Richtung Jerusalem unterwegs.

Zum Abschied hatte er uns noch eine herzliche Einladung ausgesprochen. Wir sollten unbedingt in diesem Jahr zum Oktoberfest nach München kommen und dort seine persönlichen Gäste sein. Einmal im Leben müsse man das erlebt haben, sagt er mit Nachdruck! Und wenn wir tatsächlich kommen könnten, müssten wir es ihm auch rechtzeitig sagen. Seit Jahren wäre er in dieser Zeit rund um die Uhr beschäftigt; er betreibe nämlich dort eine hoch frequentierte Herrentoilette, die wir dann selbstverständlich gratis benützen könnten …

4

Der Geschmack der Freiheit

Die erste Reise meines Lebens führt mich 1963 zum Beginn der Mittelschule nach Wien. Innerhalb weniger Stunden ereignet sich ein Feuerwerk von Weltpremieren: Im „Opel Rekord" meines Großvaters geht es über den Katschberg nach Tamsweg, von dort mit der Murtalbahn in der ersten Zugfahrt meines Lebens nach Unzmarkt. Dort steige ich um in die Südbahn. Noch nie zuvor in meinem Leben habe ich einen Zug gesehen und jetzt sitze ich nach der Fahrt in der Schmalspurbahn von Tamsweg nach Unzmarkt in einem „richtigen" Zug auf der Fahrt von Unzmarkt nach Wien! In der Nähe von Kapfenberg, beim zufälligen Blick aus dem Fenster, entdecke ich einen Flugplatz mit einem Flugzeug auf der Piste, das mir unheimlich groß vorkommt. „Richtige Flieger" kannte ich bis zu diesem Zeitpunkt ja nur von den Kondensstreifen am Himmel über meinem Elternhaus. In Wien angekommen, finde ich auf dem Pult im Studiersaal des Internats in der Auhofstraße 8 meine Schulbücher vor. Darunter im grauen Umschlag in grünlicher Schrift „I learn English", was mich kurz darauf hoffen lässt, die englische Sprache könnte vielleicht mit dem Dialekt in Oberkärnten verwandt sein, weil sie sich ja so liest, wie ich daheim zu sprechen gewohnt bin …
Meine erste Reise ins Ausland führt mich im September 1974 nach Rom, um an der Päpstlichen Universität Gregoriana meine theologischen Studien fortzusetzen. Das erste prägende Erlebnis dort ist für mich der Moment, in dem mich meine Italienischlehrerin, Signora Olga Lampe-Minelli, bei der Hand nimmt und mir mit den Worten „Eccolo!" das Meer zeigt. Weit mehr als das mir vertraute Glück, im Sommer von den Gipfeln der Nockberge ins Liesertal zu blicken, erfüllt mich hier die unendliche Weite des Mee-

res. Niemals zuvor hat mich die Natur so sprachlos gemacht! Eine größere Weite hatte mir vorher noch niemand gezeigt. In neun Jahren meines römischen Studiums wächst diese Weite in mich hinein. Mit 3000 Studenten aus 130 Nationen in Rom leben und studieren zu können, ist ein seltenes Privileg.

Meinen Horizont haben auch Menschen erweitert, denen ich in meinem Leben begegnen und ein Stück des Weges gehen durfte. An einige dieser Weggefährten erinnere ich mich in großer Dankbarkeit. Die Erfahrungen und Begegnungen mit ihnen finden für mich an entscheidenden Wegkreuzungen statt:

1990 zum Geburtstag im November schenkt mir Rosi ein Buch mit der knappen Widmung „molto interessante – hoffentlich findest Du auch die Zeit, darin zu lesen". Als wäre es nur für mich geschrieben, lässt mich dieses Buch nicht mehr los und verändert mein Leben. Heribert Fischedick, damals noch Pfarrer in Meerbusch bei Düsseldorf und schon Psychotherapeut, erzählt in seinem Buch „Von einem, der auszog, das Leben zu lernen" (1987) und bringt damit mein Inneres heilvoll-gründlich durcheinander. Ich lese es immer wieder, zuerst allein, dann mit anderen. Wenig später lade ich Heribert nach Kärnten ein und veranstalte mit ihm Seminare.

1991 im Sommer besuche ich Bischof Egon Kapellari in seinem Urlaub auf der Alm und schütte ihm mein Herz aus, erzähle ihm, dass ich nicht wüsste, wie mein Leben weitergehen solle, dabei aber davon überzeugt wäre, es ändern zu müssen. Sein Wort ermutigt mich: „Was immer Sie tun, es wird uns nichts trennen!" Ich kann die innere Freiheit, die dieser Satz in mir auslöst, auch heute noch nicht beschreiben. Ich erinnere mich nur, wie beschwingt und befreit ich den Weg von der Alm zu Fuß hinunter ins Tal zurückgelegt habe. Unten angekommen hätte ich viel darum gegeben, noch unterwegs sein zu dürfen und den Geschmack der Freiheit im Unterwegssein genießen zu können. Mein „Versuch, in der Wahrheit zu leben"[3], hat so mit kleinen Schritten zögernd begonnen. Nach und nach aber wurde mir klar, dass es keinen Schritt mehr zurück gibt.

Im Jahr 1990 lerne ich Peter Turrini kennen. Die Uraufführung seines Stückes „Tod und Teufel" am 10. November dieses Jahres im Wiener Burgtheater ist für mich ein unvergessliches Ereignis. Gemeinsam mit Gerd Bacher, dem legendären Generaldirektor des ORF, sitze ich als Gast des Autors in einer Loge. In der Pause erhebt sich Bacher und sagt zu mir: „Hochwürden, wir gehen! Dieses Stück ist eine Zumutung!" Stolz entgegne ich ihm: „Ich bin von Peter Turrini persönlich eingeladen. Ich bleibe!" Kennengelernt hatte ich Turrini im Mai 1990 bei einer „Welturlesung" aus seinem Theaterstück „Die Minderleister", zu der ich ihn als damaliger Rektor des Bildungshauses St. Georgen am Längsee eingeladen hatte. Diese Begegnung prägt mich nachhaltig und bildet die Basis für eine bis heute dauernde Freundschaft. Als ich ihn deshalb vor drei Jahren bitte, mein Trauzeuge zu sein, antwortet er mir: „Immer schon wollte ich bei der Hochzeit eines katholischen Pfarrers der Trauzeuge sein!"

Am 10. Juni 1991, in meinem 39. Lebensjahr, beginne ich mit der Lehranalyse bei Erwin Ringel in Wien und damit die Ausbildung zum individualpsychologischen Psychotherapeuten. Ich erinnere mich noch gut an die erste Stunde, in der ein einziger Wortschwall aus mir herausbricht und ich dabei das Gefühl habe, noch nie jemandem so rückhaltlos mein Leben erzählt zu haben. „Ich fühle mich wie hinter einer Mauer", sagt Christian Bley in Peter Turrinis Stück „Tod und Teufel". So ähnlich mag ich mich bis zu diesem Zeitpunkt in meinem Leben auch gefühlt haben. Die Begegnungen mit Peter Turrini und danach mit Erwin Ringel helfen mir, diese Mauer nach und nach abzubauen.

Nach dem Fall der anderen Mauer, 1989 in Berlin, entsteht ein geflügeltes Wort: „Wer nach allen Seiten hin offen ist, ist nicht ganz dicht!" So mag ich damals auf viele gewirkt haben, ungefragt offen und „nicht ganz dicht". Aber es ermutigt mich und macht Appetit auf einen neuen Weg. Die Abenteuerlust und der Zauber des Anfangs legen Kräfte frei und geben mir das Gefühl, jetzt erst geboren zu sein. Eine im mehrfachen Sinne des Wortes spannende Zeit.

5

Hoffnung für beide Seiten

Im Kampf um die Unabhängigkeit der baltischen Staaten war es zwischen diesen und Russland immer wieder zu erbitterten Kämpfen gekommen. Als dabei einmal der Oberbefehlshaber einer der kämpfenden Truppen lebensgefährlich verletzt ins Krankenhaus eingeliefert wurde, warteten Pressevertreter beider Lager gespannt auf den ärztlichen Bericht über den Zustand des in Lebensgefahr schwebenden Helden. Die eine Seite hoffte, er möge am Leben bleiben, die andere wünschte sein Ende herbei. Als der behandelnde Arzt vor den Presseleuten sein Bulletin verkündete, fasste er es in dem einen Satz zusammen: „Für beide Seiten besteht Hoffnung!"

Als mein Lehrer Erwin Ringel in den ersten Monaten meiner Lehranalyse im Wiener Rathaus während eines Empfanges auf Diözesanbischof Egon Kapellari traf und von diesem gefragt wurde, wie es mir denn aus seiner Sicht gehe, borgte sich Ringel das Wort seines baltischen Kollegen und antwortete: „Für beide Seiten besteht Hoffnung!" In einer für mich damals nicht vorhersehbaren Art sollte mein Lehrer recht behalten: Weder ist mir seither die Lust an der Seelsorge vergangen, noch kann ich mir heute vorstellen, im Rahmen der kirchlichen Seelsorge tätig zu sein.

Immer wieder musste ich in den Zeiten des Übergangs an ein mir lieb gewordenes französisches Sprichwort denken, das Erneuerungsphasen des Lebens mit der Technik des Weitsprungs vergleicht. Dort ginge es ja darum, sich in der Kunst zu üben, sich zurückzunehmen, die Kräfte zu bündeln, um mit geballter Kraft besser nach vorne springen zu können: „Reculer pour mieux sauter." – „Zurückzuweichen, um besser nach vorne springen zu können." Oder, um es mit einem geflügelten Wort zu sagen: „Love it, change it, or leave it!" – Das, was du tust, musst du lieben! Wenn du es nicht (mehr) lieben kannst, musst du es ändern! Wenn sich dadurch nichts ändert, musst du es lassen und etwas anderes suchen, das den Intentionen deines Herzens mehr entspricht!

6

Grillparzer im Pornoladen

Zur Premiere von Peter Turrinis Theaterstück „Grillparzer im Pornoladen" am 15. September 1994 im Wiener Rabenhof bin auch ich eingeladen. Mein Sitzplatz befindet sich direkt hinter Bürgermeister Helmut Zilk und seiner Gattin Dagmar Koller, deren Kommentare während des Stücks mich ähnlich erheitern wie Dolores Schmidinger und Otto Schenk in den Hauptrollen auf der Bühne. Was dort den Zuschauern geboten wird, ist wunderbares Theater, beinahe eine Liebesgeschichte zwischen zwei älteren Menschen und unfreiwillig komisch, in einem Pornoladen.

Nach der Premiere bewegt sich der Kreis der geladenen Gäste in Richtung des Wiener Nobelstundenhotels „Orient" am Tiefen Graben im 1. Bezirk. Weil ich telefoniere, verliere ich den Anschluss an die Gruppe und stehe wenig später alleine vor der Eingangstür zum „Orient". Plötzlich und unerwartet begrüßt mich dort der damalige Österreichische Botschafter auf den Philippinen, Dr. Wolfgang Jilly. Er ist ein langjähriger Freund, den ich bereits während meines Studiums in Rom kennengelernt und gemeinsam mit Bischof Egon Kapellari während seiner Zeit als österreichischer Botschafter in Chile in Santiago de Chile besucht habe. Auf seine Frage, was ich hier denn suche, antworte ich ihm, dass ich im „Orient" zu einer Premierenfeier eingeladen bin. Er klopft mir auf die Schulter und meint: „Gratuliere! Jeder muss einmal damit beginnen!" Und wie ich ihm vorschlage, doch mit mir zu kommen, um sich von der Lauterkeit meiner Absicht zu überzeugen, lehnt er mit dem Hinweis darauf ab, dass ihm seine Frau diese Geschichte nicht glauben würde. Damit versäumt er ein wunderbares Fest, das mit selbstgebackenen Süßigkeiten der Großmütter der Damen des Hauses erst in den frühen Morgenstunden ausklingt …

7

Svjatoslaw Richter

Wenn du einem Spiel zuschaust, ist es Vergnügen,
wenn du es spielst, ist es Erholung,
wenn du daran arbeitest, ist es Studium.

Wassily Kandinsky
(1866–1944)

Meinem Kollegen Alfred Kirchmayr verdanke ich den schönen Satz, wonach ein Mensch erst dann reif ist, wenn er den Ernst wiederfinden kann, den er als Kind beim Spielen hatte. Der spielende Mensch, oder besser gesagt, erst der spielende Mensch ist in der Kraft seiner Kreativität lebendig und in der Lage, diese seine Welt unverwechselbar mitzugestalten. Mag sein, dass die großen Erfindungen und Entdeckungen unendlich viel Mühe und zeitlichen Aufwand erfordert haben, aber die Tatsache, dass es so weit kommen konnte, hat wohl immer auch mit der Leidenschaft des Herzens zu tun, an den Dingen, die uns beschäftigen, so lange mit aller Leidenschaft dranzubleiben, bis sie uns durch alle Tiefschläge und Talsohlenerfahrungen hindurch mit einem Male und dann endlich ganz leicht und spielerisch von der Hand gehen. Oft erlebe ich gerade in der Musik diese Art des Spielerisch-Kreativen als den Inbegriff des Lebendigen. Es bedarf allerdings einer großen Professionalität, die zuallererst darin besteht, Können und Wollen als inneren Ruf wahrzunehmen, der den Berufenen erst dann zur Ruhe kommen lässt, wenn er sein Bestes gegeben hat und trotzdem nie genau wissen wird, ob das, wofür ihn andere loben, tatsächlich auch das Beste war, das zu geben er mit etwas Glück in der Lage sein könnte.

Einer meiner kulturellen Höhepunkte als Rektor des Bildungshauses in St. Georgen am Längsee war die Begegnung mit Svjatoslaw Richter (1915–1997), der als Pianist in Moskau Sergei Prokofjew kennenlernte, 1942 dessen 6., 7. und 9. Sonate uraufführte und von Prokofjew dessen 9. gewidmet bekam. Nachdem Richter in seiner Heimat bereits als Berühmtheit galt, durfte er 1960 erstmals in den Westen reisen. Am 19. Oktober 1960 gab er sein umjubeltes Debüt in der Carnegie Hall in New York, an das sich eine große USA-Tournee anschloss. Es folgten Auftritte in Europa, ab 1971 auch in Deutschland.

Wie kaum ein anderer Pianist verlieh er seinen Interpretationen eine individuelle Note. Dabei fesselten sein poetisches Spiel und sein weicher Anschlag noch mehr als seine Virtuosität. Ganz zum Schluss seines Lebens schickte der Maestro seine Schüler aus, um an Orten, die sich seine Kunst nicht leisten konnten, nach Sälen zu suchen, in denen er spielen wollte. Nicht mehr die Carnegie Hall, nicht mehr der Goldene Saal des Wiener Musikvereins waren seine bevorzugten Plätze, sondern Orte wie der Festsaal des Bildungshauses St. Georgen am Längsee, der nie zuvor solche Musik erlebt hat und wohl auch niemals nachher erleben wird können. Die spielerische Leichtigkeit und Innigkeit, mit der der Maestro damals Chopins Etüden spielte, bleibt mir in herzlicher Erinnerung, ebenso das Gespräch mit ihm im Künstlerzimmer. Nie zuvor hätte ich gedacht, wie sehr ein so großer Künstler sich über die kleinen und scheuen Wortspenden der musikalisch nicht sehr gebildeten Konzertbesucher freuen konnte. Unvergessen auch das gemeinsame Abendessen nach dem Konzert im Restaurant Bachler in Treibach-Althofen. Nach dem ersten Löffel seiner Gorgonzolarahmsuppe ruft der Maestro aus: „Diese Suppe ist ein Traum!" Das Gästebuch des Restaurants belegt unser Abendessen dort durch die Eintragung vom 15. 2. 1989 „mit besten Wünschen", und Kazuto Osato, Richters legendärer Klavierstimmer, fügte auf Japanisch hinzu: „Danke für das wunderbare Mahl!"

8

Kurt Marti

Kurt Marti (1921–2017) besucht mit Friedrich Dürrenmatt das Freie Gymnasium Bern. Der Sohn eines Notars folgt zunächst dem Weg des Vaters und studiert zwei Semester an der juristischen Fakultät der Universität Bern, bevor er sich für ein Studium der evangelischen Theologie entscheidet. Zunächst beginnt er damit an der Universität in Bern und setzt es dann 1945 bis 1946 an der Universität Basel fort, wo sein theologisches Denken besonders von Karl Barth geprägt wird.

In den Jahren 1947 bis 1948 ist Marti ein Jahr lang Kriegsgefangenenseelsorger in Paris. Nach seinem Hochschulabschluss und der Ordination wird er Pfarrer im bernischen Rohrbach und 1949 Pfarrer in Lemiswil. 1950 heiratet er Hanni Morgenthaler, mit der er drei Söhne und eine Tochter hat. Von 1950 bis 1960 ist Marti Pfarrer in Niederlenz. In dieser Zeit beginnt er Zeitungsartikel, Gedichte und Geschichten zu schreiben, auch um, wie er mir selbst erzählte, dadurch einer Midlife-Crisis zu entgehen. Von 1961 bis 1983 ist Kurt Marti Pfarrer an der Nydeggkirche in Bern. Als aktiver Teil der deutschen Friedensbewegung engagiert er sich im Kampf gegen Atomwaffen, Atomkraftwerke und die US-Intervention in Vietnam. In dieser Zeit lernt er auch Dorothee Sölle kennen, die neben Karl Barth wohl zu den wichtigsten Menschen gehört, ihn nachhaltig beeinflussen. 1972 verweigert ihm der Regierungsrat des Kantons Bern aus politischen Gründen eine Professur für Homiletik an der Evangelisch-Theologischen Fakultät der Universität Bern. Marti empfindet diese Ablehnung als „Auszeichnung" sowie als Bestätigung dafür, dass sein sozialpolitisches Engagement richtig ist. In der ihm in der Folge von der Universität verliehenen Ehrendoktorwürde sieht Marti genüsslich ein Schuldeingeständnis.

Im Jahre 1991 besuche ich das Ehepaar Marti in Bern, um mit Kurt Marti in seinem Haus ein Interview für die Kärntner Kirchenzeitung zu führen. Die Herzlichkeit, mit der ich dort aufgenommen werde, überwältigt mich. Unser Interview ist schnell erledigt, das daran anschließende persönliche Gespräch dauert bis spät in den Abend hinein. Kurt Marti erzählt mir von der Zeit, in der er so alt war, wie ich jetzt, und welche Strategien er damals gegen die Midlife-Crisis fand. Dabei wachsen mir Flügel und ich fasse mir ein Herz, diesen beiden wunderbaren Menschen über meine bisher geheimen Pläne zu erzählen, den kirchlichen Dienst in Richtung weltliche Seelsorge zu verlassen. Frau Marti fragt genau nach, lädt mich ein, genauer von meinen Plänen und den damit verbundenen Ängsten zu reden, um mir dann zu sagen: „Nur Mut, es kann Ihnen nichts passieren! Vor Ihnen liegt ein wunderbarer Weg!" Sie sollte recht behalten.

Kurt Martis vielleicht bekanntestes Buch sind seine „Leichenreden" – „Nekrologe jenseits aller Abdankungsrhetorik", wie Manfred Papst im Vorspann schreibt. Papst ist davon überzeugt, dass bei der Lektüre nicht nur ein lügengeplagter Pfarrer, sondern auch eine an offenen Gräbern immer noch zu findende lügengeplagte Sprache aufatmen könne. Ein solches Aufatmen kann auf Verlegenheitsfloskeln verzichten, die sich am offenen Grab in allzu billiges Trösten flüchten:

dem herrn unserem gott
hat es ganz und gar nicht gefallen
dass einige von euch dachten
es habe ihm solches gefallen
im namen dessen der tote erweckte
im namen des toten der auferstand:
wir protestieren gegen den tod … [4]

9

„Das kriege ich auf keine Bühne"

Ich war neun Jahre Seelsorger in Klein St. Paul, einer kleinen Industriegemeinde in Kärnten. Eines Freitagabends ruft mich der Direktor des „Berliner Ensembles", vormals Direktor des Wiener Burgtheaters, Claus Peymann, an und erkundigt sich nach den „Beginnzeiten meiner Wochenendvorstellungen", verbunden mit dem Ansinnen, am kommenden Sonntag den Pfarrgottesdienst besuchen zu wollen. Um einem Theaterdirektor auch eine würdige „Vorstellung" bieten zu können, bereite ich mich gründlicher als sonst auf meine Predigt vor. Tatsächlich erhalte ich (wie ich zunächst dachte, gerade dafür) von meinem liturgischen Gast auch ein fachmännisches Lob: „Was ich heute hier erlebt habe, kriege ich auf keine Bühne!"
Sichtlich bewegt von der gemeinsamen liturgischen Feier lädt mich Peymann zum Mittagessen ein, um mir dort nach mehrstündigen Gesprächen zu erklären, worauf sich das Lob des großen Theatermachers bezieht. Was den Meister der Dramaturgie so beeindruckt hatte, war nicht die gründlich vorbereitete Predigt und auch nicht der an diesem Tag ganz bewusst eingesetzte liturgische Gesang des Zelebranten oder sonstige bemerkenswerte liturgische Details vom Glockenklang über Chorgesang bis hin zum dampfenden Weihrauchfass. Nein, seine ganze Aufmerksamkeit galt dem Moment der Wandlung, jenem kurzen Augenblick, in dem der Zelebrant eine unscheinbare Scheibe ungesäuerten Brotes in völliger Stille zum Himmel emporhebt. Dieser winzige Augenblick völliger Stille in einer kleinen Dorfkirche am Rande der Welt hatte es vermocht, einen routinierten, weltmännisch verwöhnten Theaterprofi für einen Moment außer sich und buchstäblich sprachlos sein zu lassen.

Dieses Ereignis liegt nun schon bald zwanzig Jahre zurück. Inzwischen habe ich mein Priesteramt gegen das eines Psychotherapeuten eingetauscht. Geblieben aber ist mir eine ständig wachsende Leidenschaft für genau das, worum es damals in Klein St. Paul und in ungezählten anderen Momenten meines Lebens gegangen ist: Um erfüllte Stille, in der sich innere Wandlung vollzieht! Momente des Berührt-Werdens und Angerührt-Seins, in denen ich so da sein kann, dass ich davon „ganz weg" bin.

In solchen Momenten wird der Alltag zum Erlebnis: Aus Brot und Wein wird Kraft und Freude, aus dem Alltag der Augenblick, aus der Gewohnheit die Innigkeit, aus Wiederholung Einmaligkeit, aus Routine innere Berührung, aus der Reprise eine Weltpremiere. Seit jener Begegnung mit Claus Peymann weiß ich: Die Vermittlung spiritueller Erfahrung und deren Vertiefung hat keine Berufsgruppe für sich allein gepachtet, so wie auch die spirituelle Erfahrung selbst kein Vorrecht für religiöse Gemeinschaften bleibt.

IO

Margarete Mitscherlich

Margarete Mitscherlich (1917–2012) war eine der bedeutendsten Psychoanalytikerinnen Deutschlands. Nach dem Studium der Literatur und der Medizin arbeitete sie als Ärztin, Psychotherapeutin und Schriftstellerin und begründete gemeinsam mit ihrem Mann Alexander Mitscherlich das „Sigmund-Freud-Institut" in Frankfurt am Main. In den letzten Jahrzehnten hat sie sich mit der, wie sie es selber nennt: „Mühsal der Emanzipation", beschäftigt. Mit ihrem Buch „Die Unfähigkeit zu trauern" hat sie gemeinsam mit ihrem Ehemann im Jahr 1967 eine Diskussion über Schuld und Mitschuld an den politischen Verbrechen der Zeit des Nationalsozialismus entfacht.

Am 19. April 2005 wurde ihr von den Wiener Vorlesungen der Stadt Wien der Erwin-Chargaff-Preis verliehen. Margarete Mitscherlich, die „Grande Dame" der Psychoanalyse, saß mit uns am Tisch, wir erzählten von unserer Arbeit, sie von ihrer. Wenige Tage zuvor war Papst Johannes Paul II. am 2. April 2005 in Rom gestorben. Einer meiner Therapeutenkollegen erzählte davon, wie er die Liveübertragung des Papst-Begräbnisses am 8. April 2005 im ORF „in Echtzeit" miterlebt und dabei Gänsehaut und Angst bekommen hätte. Vier Millionen Menschen hätten sich rund um den Petersplatz in Rom versammelt und in nicht enden wollenden Sprechchören gerufen: „Santo subito!" – „Mach ihn sofort zum Heiligen!"

Adressat dieses Zurufs war der damals noch nicht gewählte, neue und jetzt emeritierte Papst Benedikt XVI. Adressat dieser Erzählung meines Kollegen war an diesem Abend neben Mitscherlich ich, weil er bei mir in diesem Kreis die größte Nähe zur katholischen Kirche vermutete. Obwohl es mich gereizt hätte, hielt ich mich mit einer Antwort zurück. Gerade in diesem Zusammenhang hatte er ein Thema auf den Tisch gebracht, das mich seit Langem beschäftigte, hier und zu diesem Anlass aber unpassend schien: dass nämlich das kirchengeschichtlich Besondere an dieser Situation damals die Tatsache war, dass die Menschen damit die Heiligsprechung eines Mannes forderten, der als Papst das Kunststück zuwege gebracht hatte, in seiner Amtszeit mehr als doppelt so viele Heilig- und Seligsprechungen vorzunehmen wie alle seine Vorgänger in 2000 Jahren Kirchengeschichte zusammen. Professor Max Friedrich, der diese Runde zusammengerufen hatte, gab uns gegen 22 Uhr zu verstehen, dass es aus Rücksicht auf unseren fast 88-jährigen Gast an der Zeit wäre, unser Abendessen zu beenden. Wir verabschiedeten uns voneinander und waren beeindruckt von der Frische und Lebendigkeit dieser großartigen Frau. Zu Hause in der Kochgasse, nicht weit entfernt vom Restaurant, arbeitete ich noch still vor mich hin und erschrak, wie schnell es Mitternacht geworden war. Ich schaltete noch schnell den Fernseher ein – und sah als Interviewgast in der ZIB 3 Margarete Mitscherlich!

Sie war also nicht, wie wir vermutet hatten, nach Hause gefahren, um sich auszuruhen, sondern ins ORF-Studio, um dort noch zur Mitte der Nacht ein Interview zu geben. Da saß sie nun! Und da saß ich und hörte ihr gespannt zu und notierte mir jedes Wort, dankbar dafür, ihr an diesem Abend persönlich begegnet zu sein. Abschließend wurde sie von der Moderatorin gefragt: „Was sind die nächsten Pläne, Frau Professor?" Margarete Mitscherlich lacht und antwortet: „Ich bin 87! Der nächste Plan ist, zu sterben." Darauf Eva Pfisterer: „Und wie ist dieser Gedanke? Wie sind für Sie Gedanken an den Tod?" Mitscherlich: „Mit 87 sind sie ziemlich in der Nähe. Ich habe auch nichts dagegen. Ich meine, sterben ist etwas ... Noch nie ist einer vom Tod zurückgekommen. Sie sterben und niemand kann Ihnen sagen, was das ist. Niemand! Es hat immer etwas Unheimliches, etwas ganz und gar Unbekanntes. Wer tröstet mich da und hält meine Hand?"

II

Troubled water

Das eheliche Glück meiner Eltern war bereits nach wenigen Monaten verflogen. Trotzdem sollte es noch Jahre dauern, bis meine Mutter – nicht zuletzt durch den Beistand eines behutsam an der Not seiner „Schäfchen" orientierten Seelsorgers – den Mut fasste, sich von meinem alkoholkranken Vater zu trennen. Keine leichte Entscheidung für eine achtundzwanzigjährige Frau mit sechs Kindern im Alter von zwei bis acht Jahren. Keine leichte Entscheidung in einem ländlich-katholischen Umfeld, dem zumindest nach außen hin an „ordentlichen Verhältnissen" gelegen war.

Geredet hat Mama (fast) nie darüber, oder besser gesagt, nur in der ihr eigenen Art eines vielsagenden Schweigens. Und so hat sich unter uns Geschwistern ein stilles Übereinkommen ergeben, die Mutter mit Fragen nach unserem Vater nicht zu überfordern. Mir als dem Ältesten fiel das besonders schwer. Nicht zu wissen, wie es meinem Vater geht, hat mir wehgetan. In meinen Gymnasialjahren habe ich dann begonnen, ihn regelmäßig zu besuchen, mit ihm zu „watten" und ihn dabei möglichst oft gewinnen zu lassen. Beim Kartenspiel gegen seinen Sohn zu verlieren, konnte er schwer verkraften, ebenso, wenn er bemerkte, dass sein Gegner ihn trotz besserer Karten gewinnen lassen wollte. Insofern waren meine Besuche bei ihm alles andere als einfach, oft schwierige Gratwanderungen zwischen Zumutung und verletztem Stolz. Manchmal aber wurden daraus kleine Sternstunden, in denen er aus seinem Leben erzählte und dabei immer wieder darüber redete, wie sehr er sein „Ingele", unsere Mutter, geliebt habe. Wenn er davon zu reden begann, klang für mich immer ein uneingestandener Schmerz mit, so als wüsste er im Tiefsten seines Innersten darum, das Schicksal seiner Familie mit sechs Kindern zum großen

Teil selbst verschuldet zu haben. Ihm daraus Vorwürfe zu machen, wäre mir in all unseren Begegnungen im Traum nicht eingefallen. Im Sommer 1994, kurz nach seinem 64. Geburtstag, so alt wie ich heute bin, wird mein Vater mit akuter Multiorganschwäche ins Krankenhaus eingeliefert. Bei meinem Besuch dort wird mir sehr schnell der Ernst seiner Erkrankung bewusst. Als ich ein paar Tage später von der dramatischen Verschlechterung seines Zustandes erfahre, bin ich gerade mit meiner Mutter im Auto unterwegs und entschließe mich, ihn sofort zu besuchen. Dass meine Mutter mitkommen will, überrascht mich, ist sie doch all die Jahre nach ihrer Scheidung meinem Vater kein einziges Mal mehr persönlich begegnet. Allein trete ich an sein Sterbebett und sage ihm, dass auch Mama mitgekommen wäre und draußen warte. „Soll nur draußen bleiben", lautet sein kurzer Kommentar. Als ich mich später von ihm verabschiede, frage ich meinen Vater, ob Mama hereinkommen dürfe. „Wenn sie unbedingt meint, dann soll sie halt kommen", antwortet er knapp. Angespannt betritt meine Mutter das Krankenzimmer. „Inge!", ruft ihr mein Vater entgegen. Ich schließe hinter ihr die Türe und lasse die beiden allein. Als Mama nach einer guten Stunde herauskommt, hat sie Tränen in den Augen. Als würde sie mich gar nicht wahrnehmen, sagt sie halb laut vor sich hin: „Nie hätte ich gedacht, dass ich diesem Menschen nach 34 Jahren so aus ganzem Herzen verzeihen kann!" Ein paar Tage später, am 25. Juli 1994, stirbt mein Vater im Krankenhaus in Spittal an der Drau. Ich bin überzeugt davon, dass er im Grunde seines Herzens auf diese Begegnung gewartet hat, um versöhnt und in Frieden sterben zu können.

Das Vergeben und das Verzeihen gehören zu den innigsten Kulturleistungen des Menschen. Ohne die Kunst der Versöhnung, ohne die Kraft der Vergebung, ohne gelebtes Verzeihen verlieren die kleinen und großen Gemeinschaften in unserer Gesellschaft ihren inneren Halt. Nach nichts hat ein Mensch mehr Sehnsucht als nach dem anderen Menschen, der sich ihm vor allem an den entscheidenden Wegkreuzungen des Lebens als Mensch erweist. Schon Paracelsus wusste, dass „der Mensch des Menschen beste Medizin" ist und „das beste Maß dafür die Liebe" bleibt.

12

Hubert

Nie spüren wir deutlicher als durch den Tod, was uns ein Mensch
bedeutet; erst recht, wenn es ein Freund ist; und der Schmerz, den
wir dabei empfinden, hat wohl auch damit zu tun, den kostbaren
Wert einer Beziehung zu Lebzeiten nicht gründlich genug ermes-
sen zu haben ...
Mit Hubert Luxbacher habe ich meinen besten Freund verloren.
Vor Jahren haben wir beide in einem Fernsehfilm über die Kunst
einer Männerfreundschaft nachgedacht. Zu gerne hätte ich ihm
noch ein letztes Mal gesagt, was er mir bedeutet. Aber mit diesem Schmerz bin ich heute hier nicht allein. Seine Liebe hat vielen
Menschen gegolten. Er hat die Menschen gerngehabt und es war
seine besondere Begabung, das auch zeigen zu können. So ist er
vielen im besten Sinn des Wortes zum „Guten Hirten" geworden ...
„Lux, das Licht, es leuchtet nicht", hat im Gymnasium in Tanzenberg sein Geschichtslehrer Schnabl gespottet, weil er ihm „die Bal-
kanfrage" nicht beantworten konnte! Und ob sein Licht geleuchtet
hat! Und wie! Sein Lachen, der Schalk in seinen Augen, sein herz-
lich-unkompliziertes Wesen, auch seine akribische Genauigkeit,
die ich manchmal als unnütze Kompliziertheit abgetan habe ...
All das hat uns viel von seinem Licht, von seiner Lebendigkeit und
Leidenschaft gezeigt.
Hubert war der Weltmeister pastoraler Sonderwünsche: Ob bei
der legendären Schweinsstelzenversteigerung am Ostermontag in
St. Wolfgang ob Seeboden oder bei einer Trauung während eines
Fallschirmflugs über dem Millstätter See, mit seinen Aktionen hat
er Oberkärntner Pastoralgeschichte geschrieben. Ein etwas irri-
tierter Diözesanbischof rief mich damals an, um nachzufragen, ob
Hubert die Trauung in der Luft, im Wasser oder vielleicht sogar

unter dem Wasser vorgenommen habe. Was er angegangen ist, hat er mit vollem Herzen und aus ganzer Seele unternommen. Halbherzigkeit war ihm zuwider. Bürokratische Hürden konnten ihn zur Weißglut bringen. Das hat ihn oft mehr Kraft gekostet, als er tatsächlich zur Verfügung hatte. Die Menschen haben es ihm gedankt, nicht alle, aber viele haben ihn auf Rosen gebettet und auf Händen getragen, ihn dabei aber auch immer wieder neu gefordert und nicht selten überfordert. – Ich bin überzeugt davon, dass sein Tod auch damit zu tun hat. Und ich habe auch oft gespürt, dass diese Überforderung für ihn oft schwerer zu tragen war, als er sich das selbst einzugestehen vermochte. Sein Herz war stark und groß und dann doch zu schwach, um weiterzuschlagen.

Hubert war ein Seelsorger aus Leidenschaft. Er hat Gott geliebt und die Art seines kindlichen Vertrauens hat ihn in einer Weise von Gott reden lassen, die schlicht, einladend, nie ausgrenzend war. Und wer dabei sein Lachen und seine „luxigen" Augen erleben durfte, hat verstanden, was er sagen wollte: „Ich kann euch die Existenz Gottes nicht beweisen, aber ich freu mich aus ganzem Herzen, dass mir keiner von euch seine Nicht-Existenz beweisen kann. Gerade deshalb ist es so sinnvoll, dass wir darüber miteinander im Gespräch bleiben!"

Als Freunde haben wir uns beide nicht geschont und uns gegenseitig nichts geschenkt, in unseren Diskussionen haben wir einander kräftig eingeschenkt. Er hat mich immer wieder einen gefährlichen „Systemzerstörer" genannt und ich ihn oft einen unerträglichen „Systemerhalter". Beide haben wir es ernst gemeint mit unserer Kritik aneinander. Die soliden Begründungen für unsere Standpunkte reichten in langen Gesprächen weit hinein in die Nacht. Unsere Freundschaft hat ein großes Stück weit gerade davon gelebt.

Hubert hat der römisch-katholischen Kirche die Treue gehalten. Nicht blinder Gehorsam hat ihn dabei geleitet, sondern ein wacher, kritischer Geist, der manchmal aus der Haut fahren wollte, wenn allzu Menschliches in dieser „seiner" Kirche den Verdacht aufkommen ließ, Vorschriften, Regeln und Strukturen wären wichtiger als die Nöte und Sehnsüchte der Menschen. Niemals wäre es ihm in den Sinn gekommen, auf seinen kirchlichen Dienst zu verzichten. Dazu waren ihm die Menschen zu wichtig, die er wie Schafe ohne Hirten nicht hätte allein lassen können. Als ich mich aus Gewissensgründen aus dem kirchlichen Dienst zurückziehen musste und zu Fuß über Gleinalm und Mariazell nach Wien wanderte, hat er mich in seine Arme genommen und bitterlich geweint. Er war auch der Erste, vor dem ich mich zu meiner Partnerin bekannte. Auch sie hat er umarmt und in sein Herz geschlossen.

Hubert hat vielen Menschen die Kirche als Asylstätte des Glaubens, der Hoffnung und der Liebe gezeigt. Er war für viele das sympathische Antlitz einer Kirche, die bis zum letzten Atemzug für andere da ist und Einladung nicht nur predigt, sondern auch lebt.

„Was bleibt von einem?" – „Alles", hat einmal Peter Handke, sein Mitschüler aus Tanzenberg, in einem Interview auf diese Frage geantwortet. Ein großer Gedanke! Und ein klein wenig Trost. Aber nicht groß genug, um die Trauer in dieser Stunde zu vertreiben!

Hubert, ich danke dir für jahrzehntelange tiefe Freundschaft. Hätte ich dich noch fragen können, was ich an deinem Grab in deinem Sinne noch sagen sollte, würdest du mich vielleicht gebeten haben, allen Anwesenden für ihr Kommen zu danken, sie um Vergebung zu bitten, wenn du sie gekränkt haben solltest. Und du hättest mich gebeten, jedem Einzelnen von ihnen – so wie wir beide das immer wieder auch füreinander getan haben – den Segen Gottes zuzusprechen. Gott segne dich, Hubert! Luxi! Du Licht! Ewiges Licht leuchte dir![5]

Abschied

Die schwer kranke Mutter meines Schulfreundes Max bittet mich um einen Besuch. Max erwartet mich in der Wohnung seiner Eltern und sagt mir, bevor ich das Schlafzimmer der Mutter betrete: „Mama weiß nicht, wie schlecht es um sie steht!" Ich gehe zu ihr hinein und wir reden lange und gut und über alles. Zum Abschied sagt sie zu mir: „Sag Hans und Max nicht, wie schlecht es um mich steht!" Draußen erwartet mich Max und schaut mich fragend an: Ich sage ihm: „Deine Mama hat mich gebeten, euch nicht zu sagen, wie schlecht es um sie steht!"
Ein paar Wochen später, nach dem Begräbnis, kommt Max auf mich zu und bedankt sich für meinen letzten Besuch bei seiner Mutter. Denn dadurch wäre es ihm und seinem Vater möglich geworden, über alles zu reden, gemeinsam in Dankbarkeit füreinander zurückzublicken und bewusst Abschied zu nehmen.

14

Du bist ein Himmelskind

Der griechische Philosoph Epikur (um 341–270/271 v. Chr.) rät seinen Schülern, sich um den Tod nicht zu kümmern, weil er sie schlicht nichts anginge. In seiner Schrift „Von der Überwindung der Angst" sagt er sinngemäß, dass der Tod uns nichts anginge. Da alles Gute und Schlechte auf der Wahrnehmung beruhe, der Tod aber der Verlust der Wahrnehmung bedeute, hätte uns der Tod als Lebende nicht zu bekümmern. Im Leben, so Epikur, gäbe es nichts Furchtbares für den, der in rechter Weise begriffen hätte, dass es im Nichtleben nichts Furchtbares gibt. „Denn was uns, wenn es da ist, nicht belästigt, das kann, wenn es bloß erwartet wird, nur eingebildete Qualen bereiten. Das Schauerlichste aller Übel also, der Tod, geht uns nichts an; denn solange wir da sind, ist der Tod nicht da, wenn aber der Tod da ist, dann sind wir nicht mehr da. Er geht also weder die Lebenden an noch die Verstorbenen: denn die einen geht er nichts an, die anderen sind nicht mehr."[6]
Mich in diesem Sinne um den Tod nicht zu kümmern, kann mir nur dann gelingen, wenn ich den Tod vom Menschen abstrahiere und dabei so tue, als wäre er nicht ein Teil von mir. Wenn ich aber, wie Rainer Maria Rilke in seinem Gedicht „O HERR, gib jedem seinen eignen Tod", den Tod als „Frucht, um die sich alles dreht"[7], sehe, dann kann mich Epikur nicht beruhigen oder ermutigen geschweige denn trösten. Trost, Ermutigung, tiefe innere Berührung sind mir in vielen Erfahrungen meines Lebens ausgerechnet an Sterbebetten geschenkt worden.
Einmal, als Belinda, meine Ministrantin, mich in Klein St. Paul nach der Abendmesse ins Haus ihres sterbenden Opas begleitet. Mit in sein Zimmer gehen wollte sie nicht. Schlussendlich beten wir dann aber doch mit der ganzen Familie versammelt um den

schon seit Tagen im Koma liegenden Großvater. Beim „Vaterunser" bewegt er plötzlich seine Lippen und betet mit. Und nach dem Beten haucht er für uns alle hörbar sein Leben aus. Die achtjährige Belinda schaut mich an und sagt dann: „Jetzt habe ich keine Angst mehr vor dem Sterben!" Ein anderes Mal stehe ich am Sterbebett von Gittli, die seit Tagen nur mehr schläft und auf den Tod wartet. Sanft rüttle ich sie wach, sie schlägt die Augen auf, erkennt mich, lächelt und sagt zu mir: „Arnold, mich holt gerade der Teufel!" – „Aber Gittli", antworte ich ihr, „das ist unmöglich! Du bist ein Himmelskind!" Sie lächelt mich an und schläft wieder ein. Ein paar Stunden später stirbt sie. Diese letzte Begegnung mit ihr bleibt in meinem Herzen als ein unendlich sanfter Augenblick, den ich seither als stilles Glück in mir trage. Seither weiß ich viel mehr vom Glück, zur rechten Zeit am richtigen Ort beim richtigen Menschen zu sein!

15

Ernesto Cardenal Martínez

Ernesto Cardenal Martínez wird 1925 in Granada in Nicaragua geboren. Er studiert Philosophie und Literaturwissenschaft, später auch noch Theologie in verschiedenen Ländern und wird 1965 zum katholischen Priester geweiht. Cardenal unterstützt die linke „Sandinistische Nationale Befreiungsfront", die 1979 die Somoza-Diktatur stürzt, die die Politik des Landes für mehr als 40 Jahre bestimmt hatte. Cardenal steigt zum Kulturminister von Nicaragua auf. 1985 wird er wegen seiner politischen Tätigkeit in der „Nationalen Befreiungsfront" als Priester suspendiert.

Der heute 92-Jährige ist einer der engagiertesten Befreiungstheologen. Bekannt ist er vor allem für seinen Einsatz im Kampf gegen Ungerechtigkeiten in Lateinamerika. Vor Kurzem hat er sich offen der Regierung des Präsidenten Daniel Ortega widersetzt, den er der Willkür bezichtigt. Zudem wehrt er sich gegen das Projekt eines transozeanischen Kanals, den der Präsident an der Grenze zu Costa Rica bauen will. 1980 erhält Cardenal den „Friedenspreis des Deutschen Buchhandels", 2005 wird er für den Literaturnobelpreis nominiert. Im März 2017 tourte der Dichterpriester im Rahmen einer Lesereise durch Deutschland und die Schweiz. Dabei bezeichnet er Papst Franziskus als große „Überraschung für die Welt", denn dieser habe eine Revolution im Vatikan und in der Kurie ausgelöst. Die beiden Vorgänger Johannes Paul II. (1978–2005) und den emeritierten Papst Benedikt XVI. (2005–2013) bezeichnet Cardenal als „sehr konservativ". Sie hätten die Kirche um 200 Jahre zurückgeworfen und viele Fortschritte des Zweiten Vatikanischen Konzils (1962–1965) zurückgedreht.

Das literarische Werk von Ernesto Cardenal, das ich seit meinen römischen Studientagen kenne, hat mich in seiner spirituellen Tiefe, seiner Solidarität mit den Ärmsten, in seinem unerschrocken-charismatischen Engagement und seiner daraus gewachsenen politischen Tätigkeit tief beeindruckt. In allem, was er schreibt, kommt zum Ausdruck, wofür er steht: für eine Theologie, die sich der Trennung von Diesseits und Jenseits entzieht, für den Glauben an eine Welt, die der Harmonie zustrebt und schließlich für ein besonderes Verständnis von der Liebe. Es schließt Sinnlichkeit und Begehren ein, umgreift mühelos die gesamte Schöpfung vom Allerkleinsten bis zum Kosmos und mündet in Verantwortung. Von allen seinen Gedichten und Texten berührt mich ganz besonders Cardenals Gebet für Marilyn Monroe (1926–1962), das er für sie nach ihrem Tod verfasste:

Herr,
nimm auf dieses Mädchen, das die ganze Welt kannte als
Marilyn Monroe,
auch wenn dies nicht ihr wirklicher Name war,
(doch Du kennst ihren Namen, den Namen des Waisenkindes, das
vergewaltigt wurde mit 9 Jahren,
den Namen der kleinen Verkäuferin, die mit 16 versuchte, ih-
rem Leben ein Ende zu machen)
dieses Mädchen, das jetzt vor Dir steht, ohne jedes Make-up,
ohne ihren Manager,
ohne Fotografen, ohne Autogramme zu geben,
einsam wie ein Astronaut vor der Nacht des Universums.

Als Kind träumte sie, dass sie nackt in einer Kirche stand,
(so stand es in der Zeitschrift Time)
vor einer knienden Menge, die Köpfe bis zur Erde geneigt,
und sie musste auf Zehenspitzen gehen, um die Köpfe nicht zu
zertreten
Du kennst unsere Träume besser als alle Psychiater.
Kirche, Haus, Höhle – das bedeutet die Sicherheit des mütter-
lichen Schoßes,
aber doch auch mehr als das ...

Die Köpfe sind die Bewunderer, das ist klar,
(die Masse der Köpfe in der Dunkelheit, im Scheinwerferlicht).
Doch der Tempel, das sind nicht die Studios der 20th Century-
Fox.
Der Tempel – aus Marmor und Gold – ist der Tempel ihres
Körpers.
Und dort steht der Menschensohn mit einer Peitsche in der
Hand
und treibt sie aus, die Manager der 20th Century Fox,
die Dein Bethaus zu einer Räuberhöhle machten.

Herr,
in dieser Welt, die verseucht ist von Sünde und Radioaktivität,
sprichst Du eine kleine Verkäuferin allein nicht schuldig,
die wie alle kleinen Verkäuferinnen davon träumte, ein Film-
star zu sein.
Und ihr Traum wurde Wirklichkeit (doch eine Wirklichkeit in
Technicolor).
Sie agierte nur nach dem Drehbuch, das wir ihr gaben
– Drehbuch unseres eigenen Lebens. Und es war ein absurdes
Filmskript.
Vergib ihr, Herr, und vergib uns allen
unsere 20th Century,
diese kolossale Superproduktion, an der wir alle Anteil haben.
Sie hungerte nach Liebe, und wir boten ihr Beruhigungsmittel.
Gegen die Traurigkeit, dass wir nicht heilig sind,
empfahl man ihr die Psychoanalyse.
Denk, Herr, an ihre wachsende Angst vor der Kamera,
an ihren Hass auf die Schminke – und sie schminkte sich für
jede Szene –
und wie ihre Abscheu immer größer wurde
und wie sie immer unpünktlicher in den Studios erschien.
Wie jede kleine Verkäuferin
träumte sie davon, ein Filmstar zu sein.

Und ihr Leben war unwirklich wie ein Traum, den der Psychiater analysiert und zu den Akten legt.
Ihre Liebesabenteuer waren wie ein KUSS mit geschlossenen Augen
und wenn man die Augen öffnet, merkt man,
dass es nur ein Filmkuss war.
Und dann löschen sie die Scheinwerfer!
Und bauen die zwei Wände des Raumes ab
(es war ein Filmset)
und der Regisseur geht mit dem Drehbuch davon,
denn die Szene ist abgedreht.
Oder wie eine Reise auf einer Yacht, ein Kuss in Singapur, ein Tanz in Rio,
der Empfang im Landhaus des Herzogs und der Herzogin von Windsor
all das betrachtet von einem schäbigen Apartment aus.

Der Film ist aus – doch ohne Happy End.
Man fand sie tot in ihrem Bett, den Hörer in der Hand.
Und die Polizisten wussten nicht, mit wem sie sprechen wollte.
Es war,
als ob jemand die Nummer der einzigen Freundesstimme gewählt hat
und eine Stimme vom Tonband hört, die schnarrt: WRONG NUMBER,
oder wie wenn jemand, getroffen von der Kugel der Gangster,
die Hand ausstreckt nach einem Telefon, das nicht angeschlossen ist.

Herr,
wer es auch sei, den sie anrufen wollte
und nicht erreichte (vielleicht war es auch niemand
oder jemand, dessen Nummer nicht im Telefonbuch von Los Angeles steht),
nimm Du den Hörer ab![8]

16

Reuben Silverbird

Judith und Moritz laden zur Hochzeit. Die Feier findet bei herrlichem Wetter unter freiem Himmel am 19. September 2015 am Kleinsasserhof, in der Nähe von Spittal an der Drau, statt. Das Hochzeitspaar lädt mich ein, ein Segensgebet für die beiden und ihre geladenen Gäste zu sprechen. Gleichzeitig bitten sie mich, ein solches Gebet gemeinsam mit einem ihrer Freunde aus Amerika zu tun. So lerne ich Reuben Silverbird kennen, einen Medizinmann der Cherokee-Apachen, gleichzeitig Sänger, Schriftsteller und Botschafter des Friedens.

Reuben beginnt die Zeremonie, indem er uns lange anblickt und uns dann sagt, was ihn, wenn er nach Europa kommt, immer wieder verwundert: Wenn Menschen sich hier zu einem Fest treffen, dann stünden sie da, als hätten sie nichts miteinander zu tun. Und wenn er sie dann einlade, einander die Hände zu reichen, gerieten sie nicht selten darüber in Verlegenheit! Die Apachen, so erzählt er uns, würden sofort einen Kreis ums Hochzeitspaar bilden, einander die Hände reichen, singen, in die Hände klatschen und zu tanzen beginnen. Und schon ruft er uns leicht verständliche Laute zu, die wir im Chor wiederholen und dabei im Uhrzeigersinn um das Hochzeitspaar tanzen. Selten zuvor habe ich schneller verstanden, wie wenig es braucht, um Feste zu feiern.

Zeit-Gefühl

Irgendwann im Laufe unseres Erwachsenwerdens verlieren viele von uns einen großen Schatz: die Fähigkeit, uns wie ein Kind für eine Sache zu begeistern. Doch mit etwas Glück bekommen wir diesen Schatz später wieder zurück, zumindest phasenweise. Ich spürte sie wieder, diese Begeisterung des Kindes, als ich mir vor fünf Jahren zu meinem 60. Geburtstag erfolgreich eine Pendeluhr zusammenbaute. „Schon lange nicht mehr habe ich deine Augen so leuchten gesehen", sagte meine Frau damals zu mir am Ende eines unvergesslichen Tages. Meine Pendeluhr ist seither weit mehr als ein Zeitmessgerät, sie beseelt den Raum, in dem sie tickt.

Seit meiner Kindheit faszinieren mich Uhren. Mein Interesse an ihrem Innenleben sorgte schon früh dafür, dass die Uhr meines Vaters nach eingehender Behandlung meinerseits nicht mehr zu reparieren war. Auch die Uhr zur Firmung konnte meiner Neugier nicht allzu lange standhalten. Als mir meine Mutter dann aber zur Matura eine Schwarzwälder Kuckucksuhr schenken wollte, lehne ich ab. Mein Qualitätsbewusstsein und der ästhetische Anspruch an eine Pendeluhr war bereits so groß, dass ich ihren beabsichtigten Kauf in eine Anzahlung auf eine später einmal zu leistende Pendeluhr umwandeln konnte. Es sollten dann noch vierzig Jahre vergehen, bis sich dieser lang gehegte Wunsch endlich erfüllen ließ.

Neben meiner Pendeluhr besitze ich noch einige mechanische Armbanduhren. Auch sie haben eine „Seele", deren Funktion weit mehr mit Emotion als mit Information zu tun hat. Die Freude am „Schmuck des Mannes" und der Stolz des Besitzens sorgen für eine gediegene Art von Achtsamkeit und Wertschätzung auch anderen Kunstwerken gegenüber, die es nur gibt, weil Menschen mit viel Liebe und Können sich Tage, Wochen und Monate damit beschäftigt haben. Wer nur wissen möchte, wie spät es ist, braucht keine mechanische Uhr. Die Zeit kann er auch vom Handydisplay ablesen.

Der Zeit-Philosoph sieht in seiner mechanischen Uhr viel mehr als nur einen ästhetisch ansprechenden Zeitmesser. Allein die Vorstellung, dass bei der Fertigung einer mechanischen Uhr ein Uhrmachermeister viele Stunden Arbeit, Kreativität und edelste Handwerkskunst investiert, ist aus meiner Sicht Ausdruck der Wertschätzung auch gegenüber der Zeit. Eine mechanische Uhr zeigt nicht nur an, wie die Zeit vergeht. Sie steht fast schon für ein Stück Unvergänglichkeit. Manche Menschen tragen keine Armbanduhren, weil sie nicht Teil der „Beschleunigungsgesellschaft" sein möchten. Mit derselben Logik könnte ich den Kalender von der Wand nehmen und mich der Illusion hingeben, von nun an nicht mehr zu altern. Nein, nicht die Uhr treibt mich an, ich selbst bin es, der glaubt, mir das „Entschleunigen" nicht mehr leisten zu können. Und so wird mir die Zeit zur Geisel und ich selbst zum Gefangenen meiner täglich mich vor sich hertreibenden Hektik.

Das verständnisvolle Gespräch wird so zur Kostbarkeit, die ich mir nicht mehr leisten zu können glaube. Denn dazu bräuchte ich ja die zwischen meinen Fingern zerronnene, verloren gegangene Zeit, die zur kostbaren Rarität gewordene Zeit, die ich mir nehmen, schenken, mir selbst und anderen lassen und geben kann. Was ich brauche, ist der Luxus, die Dinge, die ich im Moment gerade tue, mit Leib und Seele zu tun. Was mir guttut, ist ausschließlich reservierte, nur mir allein gehörende, sinnvolle Zeit. Damit könnte ich anstelle oberflächlichen Geschwätzes oder flüchtiger Begegnungen Hingabe erleben und dabei nachhaltig neue Perspektiven wiederentdecken. Und dabei könnte ich auch wieder die Kunst des Faulseins üben, die Langsamkeit genießen, zu einem Buch greifen oder Musik hören, derweil der Sekundenzeiger meiner Pendeluhr gemächlich seine Runden dreht. Dann lieber Augenblick verweile! Du bist so schön …

Den Genuss solcher Entschleunigung gönne ich mir viel zu selten. Schon meine Sprache verrät mich. Ich spreche von „Frei"-Zeit oder gar von „Aus"-Zeit, also von einer Zeit außerhalb der Normalität, so, als würde ich zur Entschleunigung in ein Paralleluniversum wechseln müssen. Manchmal nehme ich auch das Wort „Zeit-vertreib" in den Mund, als wollte ich damit sagen, dass ich mit dem, was ich tue, die Zeit, mein kostbarstes Gut, verjagen und verscheuchen wollte.

Das sanfte „Tick-tack" einer Uhr, der Pulsschlag der Zeit, sagt mir, dass ich keine Zeit zu verlieren habe, sie aber gleichwohl sinnvoll nützen und verschenken kann. Wenn ein Dichter meint, er hätte nur die Zeit gelebt, die er sich genommen hat, dann könnte das Zeitnehmen ja hier im doppelten Sinn verstanden werden: Wer „die Zeit nimmt", nimmt sich die Zeit, auf die Uhr zu schauen, um zu wissen, wie viel Zeit er sich nehmen kann. Zeitmessung bedeutet dann nicht nur die Achtung auf den Vorsprung in Sekunden, sondern Achtsamkeit darauf, die Zeit „von innen her" zu verkosten, sie nicht zu verschwenden und auch in schwierigen Zeiten, von denen wir umgangssprachlich sagen, sie wären „nicht lustig" gewesen, das Gute und Lustvolle nicht zu übersehen. Wer das Schöne im Leben verschläft, wartet vergebens auf das Bessere in der Zukunft. Der Schriftsteller Martin Walser warnt seine Zeitgenossen in einem seiner Romane vor einer Blindheit, die uns mit verschränkten Händen darauf warten lässt, dass sich später einmal etwas ändert: „Wahrscheinlich lebt man gar nicht, sondern wartet darauf, dass man bald leben werde; nachher, wenn alles vorbei ist, möchte man erfahren, wer man, solange man gewartet hat, gewesen ist."[9]

18

Für ein paar Augenblicke prominent

Am 9. November 2015 wurde in Wien die „Internationale Christine Lavant Gesellschaft" aus der Taufe gehoben. Stolz darauf, dabei zu sein, ziehe ich mir dem Anlass entsprechend einen dunklen Anzug an und mache mich auf den Weg in den 19. Bezirk, zum Pfarrwirt. Als ich dort den noblen, mir schon von der Vorbesprechung zu dieser Veranstaltung bekannten Raum betrete, wundere ich mich nicht und dann doch wieder sehr über die Anwesenheit vieler mir aus den Medien bekannter Persönlichkeiten.

Mit Händedruck und leichter Verbeugung begrüßen mich Deutschlands Altbundeskanzler Gerhard Schröder und der österreichische Altbundeskanzler Alfred Gusenbauer. Vor dem Handschlag mit Rudolf Streicher, dem ehemaligen österreichischen Bundesminister für Wirtschaft und Verkehr, sage ich halb laut vor mich hin: „Bei so viel Prominenz kommen mir Zweifel, ob ich hier überhaupt bei der richtigen Veranstaltung bin …" Streicher ermutigt mich: „Nur keine falsche Bescheidenheit! Sie sind hier herzlich willkommen!" Darauf drückt mir der Kellner ein Glas Champagner in die Hand, das ich zum Wohle aller gerne erhebe.

Da kommt eine Dame auf mich zu, fragt mich nach meinem Namen und teilt mir mit, dass die „Internationale Christine Lavant Gesellschaft" im „Eroicastüberl", im Haus nebenan, ihre Gründungssitzung abhält und ich dort schon erwartet werde. Mit einer kleinen Verneigung nehme ich noch einen Schluck aus dem Champagnerglas, verabschiede mich, eile über den Platz und treffe dort auf Menschen, bei deren Wiedersehen mich nun keine Zweifel mehr plagen, ob ich bei ihnen an der richtigen Adresse bin.

Die Sehnsucht nach dem Original

Der französische Mathematiker, Physiker und Philosoph Blaise Pascal (1623–1662) spricht bereits zu seiner Zeit die Vermutung aus, dass in jedem Menschen ein Vermögen steckt, das die Welt in Erstaunen zu setzen vermag, dass jeder Mensch als unverwechselbares Original auf die Welt kommt, die meisten dieser Menschen aber als billige Kopien zu Grabe getragen werden. An solchen Menschen haben „Hohepriester der Gesellschaft" ganze Arbeit geleistet und dafür gesorgt, dass sie unter Umständen das in ihnen schlummernde Potenzial nie entdecken geschweige denn in die Tat umzusetzen vermochten.

Welche Wohltat dagegen, es in unserer Gesellschaft mit Menschen zu tun zu haben, die sich wie Kinder täglich 30 bis 50 Mal restlos für eine Sache zu begeistern vermögen, weit über 100 Fragen stellen und dabei bis zu 400 Mal am Tag aus ganzem Herzen lachen. Solchen Menschen gehört diese Welt, von solchen Menschen wird sie auch gestaltet. Wenn Erwachsene solches Gestalten dieser unserer Welt an die Kinder delegieren, übersehen sie dabei, wie viel ihnen dadurch verloren geht. Solange wir leben, wachsen wir.

Wir wachsen auch dann noch, wenn wir schrumpfen: „Mit den Jahren runzelt die Haut. Unsere Seele aber runzelt aus Mangel an Begeisterung!", sagte Albert Schweitzer. Und Aurelius Augustinus, einer der großen Psychologen zur Mitte des 1. nachchristlichen Jahrtausends, schrieb in seinen „Bekenntnissen": „Sei, der du bist, und wachse voran, ein anderer zu sein, als du bist! Denn wo du Halt machst, bleibst du stehen und wenn du sagst: ‚Ich habe genug geleistet', bist du verloren."

Wunderbar in diesem Zusammenhang auch ein Wort von Pablo Picasso: „Als ich ein Kind war, sagte meine Mutter zu mir: ‚Wenn du Soldat werden möchtest, wirst du am Ende General. Wenn du Mönch werden möchtest, wirst du am Ende Papst.' Aber ich wollte Maler werden und wurde am Ende Picasso!"

Geschichten

Der Chassidismus bezeichnet verschiedene voneinander unabhängige Bewegungen im Judentum. Diesen Bewegungen gemeinsam ist die strenge Einhaltung religiöser Regeln, ein hoher moralischer Anspruch sowie ein besonderes Empfinden der Gottesnähe, die vor allem durch persönlich erlebte Geschichten zum Ausdruck gebracht wird. Rabbi Mendel zum Beispiel erzählt, dass er deshalb Chassid geworden sei, weil es in seiner Heimat einen alten Mann gegeben hat, der Geschichten von Zaddikim erzählt hat. „Er hat erzählt, was er wusste, und ich habe gehört, was ich brauchte."[10] Daraus ergibt sich für mich ein Leitmotiv: Wenn Menschen, die etwas erfahren haben, Geschichten erzählen, dann können Menschen, die etwas wissen wollen, daraus Mut schöpfen.

20

Die Palme

Ein afrikanisches Märchen erzählt von einer kleinen Palme am Rande einer Oase. Sie wächst und gedeiht – bis eines Tages ein Mensch vorbeikommt, der ihr prächtiges Wachsen und Gedeihen nicht ertragen kann und ihr deshalb einen schweren Stein in ihre Krone legt. Schadenfroh zieht er weiter. Vergeblich versucht die kleine Palme den Stein abzuschütteln. Da sie sich aber von der schweren Last nicht befreien kann, bleibt ihr nichts anderes übrig, als mit ihren Wurzeln immer tiefer in die Erde vorzudringen, um besseren Halt zu finden und nicht unter der Last zusammenzubrechen. Schließlich gelangt sie mit ihren Wurzeln bis zum Grundwasser und trotz der Last in ihrer Krone wächst sie zur kräftigsten Palme der Oase heran.

Nach mehreren Jahren kommt der Mensch zurück und will in seiner Schadenfreude sehen, ob es „seine" Palme noch gibt und, wenn ja, wie verwachsen und verkrüppelt sie wohl dastehen wird. Er weiß genau, wo sie steht, findet sie aber nicht. Und während er so suchend dasteht, beugt sich die größte und kräftigste Palme der Oase zu ihm herunter und sagt ihm: „Danke für den Stein, den du mir damals in die Krone gelegt hast. An deiner Last bin ich gewachsen, sie hat mich stark gemacht!"[11]

21

Kleines Problem

Im Alten Griechenland ist ein wunderbares Wort entstanden, das wir in unsere Sprache übernommen haben. Wenn die Bauern ihr Obst und Gemüse auf Karren in die Stadt auf den Markt brachten, mussten sie immer dann stehen bleiben, wenn während des Transports Ladegut vom übervollen Wagen herunterfiel. Dieses „Heruntergefallene" nannten sie *ta problemata*. Diese „Probleme" erforderten also das Anhalten und Wiederaufladen, wenn der Besitzer mit seinem Karren mit möglichst großer Ladung am Marktplatz erscheinen wollte.

In meiner täglichen Arbeit begegnen mir drei Gruppen von Menschen, denen in ihrem privaten und beruflichen Umfeld Probleme begegnen: Die einen reagieren so, als sei nichts gewesen, und machen weiter wie bisher. Sie gleichen denen, die meinen, eine Kobra dadurch aus dem Wohnzimmer entfernen zu können, dass sie sie unter den Teppich kehren. Die anderen hoffen, dass alles so schnell vorbeigeht, wie es gekommen ist, schauen oder hören gar nicht genau hin, wissen aber sofort, was zu tun ist, und handeln darauf los, ohne die Nützlichkeit und Sinnhaftigkeit ihres Tuns gründlich zu überprüfen. Die Dritten wissen, dass Schwierigkeiten Vorrang haben und eine genaue Analyse brauchen. Erst so sind sie in der Lage zu entscheiden, wo das Problem liegt und was sie dagegen unternehmen können.

Am häufigsten erlebe ich in meiner Praxis Vertreter der zweiten Gruppe. Die Arbeit mit ihnen bedarf großer Geduld und liebevoller Achtsamkeit. Zunächst müssen diese Menschen dazu eingeladen werden, genau hinzuschauen und sehen zu wollen, wo die Probleme liegen. Und dann müssen sie sich selbst davon überzeugen, dass es bei der Behandlung ihrer seelischen Probleme nicht einfach dadurch schneller geht, dass sie die Sitzungsfrequenz erhöhen. Der Therapeut ist kein Zahnarzt und eine seelische Tiefenbohrung ist etwas anderes als eine in drei bis vier Sitzungen erledigte Wurzelbehandlung.

Eines der nachhaltigsten Probleme unserer Gesellschaft beschreibt ein Märchen mit dem hintergründigen Titel „Ein kleines Problem". Wer es liest, dem ist zu wünschen, dass auch er/sie jemanden finden kann, der ihn/sie versteht, dadurch achtsamer wird und lernt, genauer hinzuhören und besser hinzuschauen.

„Ich habe ein kleines Problem", sagt der Bär zum Erfinder, den er auf seiner Wanderung trifft. Der Erfinder ist sofort bei der Hand und sagt: „Ich habe etwas für dich. Du bist schwer, du brauchst Flügel. Auch wenn sie dir nicht sehr helfen, aber im Weitergehen wirst du leichteren Fußes deinen Weg finden." Ohne sein Einverständnis abzuwarten, schnallt der Erfinder dem Bären seine Flügel um. Der Bär trottet weiter und dem Nächsten, den er trifft, sagt er: „Ich habe ein kleines Problem." Der Nächste lässt sich nicht lang fragen und sagt: „Ich verstehe etwas von Schals – hier ein modischer Schal zu deinen Flügeln. Das wird dich hübsch erscheinen lassen." Er legt dem Bären ungefragt den Schal um. „Hm", brummt der Bär und trottet weiter, trifft einen Arzt und sagt ihm: „Ich habe ein kleines Problem." Der Arzt weiß sofort, was zu tun ist, und sagt: „Nimm die Pillen hier – du wirst sehen, du fühlst dich besser." Und so geht es weiter. Er trifft eine Hutmacherin, die verkauft ihm einen Hut, eine Stiefelkönigin, die legt ihm Bärenstiefel an, und zu guter Letzt sitzt der Bär vor der Stadt, angetan mit einem Hut, mit roten Brillen, mit einem Schal, mit Flügeln, mit Bärenstiefeln, mit echten Raritäten und ist einsam und allein und seufzt vor sich hin, weil er traurig ist, weil er die Frage, die er an die Menschen hätte, nie loswerden kann. Und in diese Stille hinein hört er eine leise Stimme, die ihn fragt: „Was ist los mit dir?" Eine Fliege meldet sich von einem Grashalm. Er wendet sich ihr zu und sagt: „Ich habe ein kleines Problem. Ich fürchte mich vor der Dunkelheit. Ich fürchte mich, alleine in meiner Bärenhöhle zu sein. Und weit und breit gibt es keine Bären, die mit mir diese Einsamkeit teilen könnten. Und auch sonst ist niemand da, der mich versteht. Wenn ich mein Problem zu nennen beginne, wissen die Leute schon, was für mich gut ist. Und ich habe keine Chance, darüber zu reden, Verständnis zu finden, weil die Menschen nicht zuhören können oder zu schnell verstehen und gleich alles besser, für mich am besten, wissen." – „Das trifft sich gut", antwortet die Fliege. „Ich bin gerade auf der Suche nach einer neuen Bleibe und eine Bärenhöhle klingt ja geradezu romantisch." Sie setzt sich auf die Schulter des Bären und die beiden trotten davon. Und dem Bären ist eigenartig leicht ums Herz, so als hätte er wirklich Flügel bekommen.[12]

22

Legende vom „modernen" Menschen

Ein „moderner" Mensch verirrt sich in der Wüste. Die unbarm-
herzige Sonnenglut hat ihn ausgelaugt. Da sieht er in einiger Entfernung eine Oase. Aha, eine Fata Morgana, denkt er, eine Luft-
spiegelung, die mich narrt. Denn in Wirklichkeit ist gar nichts
da. Er nähert sich der Oase, aber sie verschwindet nicht. Er sieht
immer noch ganz deutlich die Dattelpalmen und vor allem die
Quelle. Natürlich eine Hungerfantasie, die mir mein halb wahn-
sinniges Gehirn vorgaukelt, denkt er. Solche Fantasien hat man
bekanntlich in meinem Zustand. Jetzt hört er sogar das Wasser
sprudeln. Eine Gehör-Halluzination. Wie grausam die Natur ist!
Kurze Zeit später finden ihn zwei Beduinen tot. „Kannst du so etwas verstehen?", sagt der eine zum anderen: „Die Datteln wachsen
ihm beinahe in den Mund. Und dicht neben der Quelle liegt er
verhungert und verdurstet. Wie ist das möglich?" Sein Begleiter
antwortet ihm: „Er war ein moderner Mensch."[13]

23

Raub der Flammen

Nachdem ein Reisezirkus sich am Rande eines dänischen Dorfes niedergelassen hat, bricht dort Feuer aus. Der Direktor wendet sich an die Darsteller, die schon für ihre Nummer vorbereitet und geschminkt sind, und bittet den Clown, ins Dorf zu laufen, um Hilfe beim Feuerlöschen zu holen. Bei einem Flächenbrand würde nämlich nicht nur der Zirkus zerstört, sondern über die ausgetrockneten Felder auch das Dorf selber bedroht sein.

Der Clown rennt Hals über Kopf auf den Marktplatz und ruft allen zu, zum Zirkus zu kommen und zu helfen, das Feuer zu löschen. Die Dorfbewohner sind überaus belustigt, lachen und applaudieren diesem neuen Trick, durch den sie in die Schau gelockt werden sollen. Der Clown weint und fleht, er versichert, dass er jetzt keine Vorstellung gibt, sondern dass nicht nur der Zirkus, sondern das ganze Dorf in tödlicher Gefahr ist. Je mehr er fleht, desto mehr johlen die Menschen im Dorf, bis das Feuer über die Felder springt und sich im Dorf selbst ausbreitet. Noch ehe die Dörfler zur Besinnung kommen, werden ihre Häuser ein Raub der Flammen.[14]

___ 57

24

Am seidenen Faden

Der indische hinduistische Mönch und Gelehrte Swami Vivekananda (1863–1902) erzählt in einem seiner Gleichnisse von einem hohen Beamten, der bei seinem König in Ungnade fällt und in einem hohen Turm gefangen gesetzt wird. In einer vollmondklaren Nacht steht der Gefangene oben auf den Zinnen und schaut nach unten. Dort sieht er seine Frau stehen. Sie macht ein Zeichen und berührt die Mauer des Turms. Gespannt schaut der Mann nach unten, um zu sehen, was seine Frau dort tut. Aber er kann aus dem, was er sieht, nicht klug werden. Geduldig wartet er, den Blick unablässig nach unten gerichtet.

Die Frau am Fuße des Turms bestreicht die Fühlhörner eines gefangenen Käfers mit Honig, befestigt das Ende eines Seidenfadens am Körper des Käfers und setzt das kleine Tier mit dem Kopf nach oben auf die Turmmauer, genau an der Stelle, über der sie ganz oben ihren Mann stehen sieht. Der Käfer kriecht langsam dem Duft des Honigs nach, immer höher hinauf, bis er schließlich bei dem Gefangenen ankommt. Dieser passt gut auf, schaut konzentriert in die Nacht hinein und sieht nach unten. Er sieht das Tier über die Brüstung klettern, nimmt es behutsam in die Hand, macht den Seidenfaden los, befreit den Käfer davon und zieht den Faden langsam und vorsichtig zu sich. Der Faden aber wird immer schwerer. Es fühlt sich so an, als ob etwas dranhängt. Und als der Mann den Faden ganz bei sich hat, sieht er, dass am Ende des turmlangen Fadens ein Garnfaden befestigt ist. Der Mann zieht auch diesen Faden nach oben und merkt, wie auch dieser immer schwerer und schwerer wird und am Ende ein Bindfaden dranhängt. Langsam und vorsichtig zieht der Mann diesen Bindfaden zu sich. Auch dieser wird schwerer und schwerer und am Ende bekommt er ein starkes Seil in die Hand. Der Mann zieht das Seil zu sich, dessen Gewicht ebenfalls immer schwerer und schwerer wird. Als er das Ende in der Hand hat, sieht er daran ein starkes Tau hängen, das er an den Zinnen des Turmes befestigt, um so seinen Weg nach unten in die Freiheit zu finden.[15]

25

Blinde Bettler

Eine uralte Geschichte erzählt von einem König, der zu seiner Zerstreuung von Geburt an blinde Bettler zusammenruft und einen Preis für denjenigen unter ihnen aussetzt, der ihm die beste Beschreibung eines Elefanten geben kann. Zufällig gerät der erste Bettler, der den Elefanten untersucht, an dessen Bein, und er berichtet, dass der Elefant ein Baumstamm sei. Der zweite, der den Schwanz fasst, erklärt, der Elefant sei wie ein Seil. Ein anderer, welcher das Ohr greift, beteuert, dass der Elefant einem Palmenblatt gleiche, und so fort. Die Bettler beginnen miteinander heftig zu streiten. Der König ist darüber überaus belustigt und behält den ausgesetzten Preis für sich.

Auch im Bereich der Gesundheit, des Wohlergehens und erst recht in den Fragen nach geglücktem Leben gleichen Experten nicht selten diesen blinden Bettlern, die leidenschaftlich miteinander streiten, dabei aber unfähig bleiben, über ihren eigenen Horizont hinauszuschauen und ihre Erfahrungen zu den Erfahrungen der anderen dazuzulegen. So führen Fachdiskussionen nicht selten zu unterschiedlichen Ansichten und bitteren Auseinandersetzungen. Zu guter Letzt steht Lehrmeinung gegen Lehrmeinung. Gerade deshalb habe ich gemeinsam mit meiner Schulfreundin Ingrid unternommen, in einem Ratgeber Beobachtungen, Überlegungen, Erfahrungen und Überzeugungen zusammenzutragen und für suchende Menschen ermutigende Ergebnisse zu formulieren.[16] Wir haben uns nicht damit begnügt, den Menschen als ein unglaublich effizientes Kraftwerk von 100 Billionen Zellen zu betrachten. Das Miteinander von Leib und Seele, Hirn und Herz hat uns in weit tiefere Dimensionen geführt, als rein naturwissenschaftliche Herangehensweisen das zulassen. Um zu vermeiden, dass sich auch an diesem Miteinander Lehrmeinungskriege entzünden, haben wir – eine Medizinerin, ein Theologe und Psychotherapeut – Hunderte Stunden mit dieser Thematik zugebracht, um die Ergebnisse dieser unserer Überlegungen unter der Berücksichtigung des neuesten Standes der Wissenschaft darzulegen.

Erst ergänzt durch die im besten Sinn des Wortes verstandene „spirituelle Dimension" des Menschen zeigt sich uns das ungeahnte Ausmaß unserer Fragestellung. Die Antwort zum Beispiel auf die Frage, wo der Körper endet und die Seele beginnt (oder auch umgekehrt), hängt wesentlich vom Blickwinkel eines wissbegierigen „Bettlers" ab. Eine Biochemikerin liefert im Brustton ihrer Expertenüberzeugung ganz andere Antworten als ein Psychologe, eine Quantenphysikerin andere als ein spiritueller Meister … Alle haben sie recht, aber niemand hat die Wahrheit für sich allein gepachtet! Erst durch die Bereitschaft, Erfahrungsstück an Erfahrungsstück zu reihen, wächst eine Ahnung für das dahinterliegende Ganze.

26

Sehnsucht nach dem Glück

Eine chinesische Geschichte erzählt, dass an einem Spielplatz, wo die Kinder sich tummeln, ein Schüler seinen Lehrer fragt: „Sag mir doch, wie kommt es, dass alle Menschen glücklich sein wollen und es doch nicht werden?" Der Lehrer weist auf die spielenden Kinder und sagt: „Ich glaube, die da sind glücklich." – „Wie sollten sie nicht?", entgegnet der Schüler: „Es sind Kinder und sie spielen. Wie ist es aber mit dem Glück der Erwachsenen bestellt?" – „Wie um das Glück der Kinder", entgegnet der Lehrer.
Während er das sagt, holt er eine Handvoll Kupfermünzen aus seinem Mantel und wirft sie unter die spielenden Kinder. Da verstummt mit einem Mal das fröhliche Lachen und die Kinder stürzen sich auf die Münzen. Sie liegen am Boden und raufen um ihren Besitz. Geschrei und Gezeter lösen das fröhliche Lachen ab. „Und?", fragt der Lehrer. „Was hat ihr Glück zerstört?" – „Der Streit", erwidert der Schüler. „Und wer erzeugte den Streit?" – „Die Gier!", sagt der Schüler. „Da hast du die Antwort auf deine Frage", sagt der Lehrer. „Alle Menschen erfüllt die Sehnsucht nach dem Glück, aber die Gier in ihnen, es zu erjagen, bringt sie gerade um das, was sie sich sehnlichst wünschen."
„Menschen", sagte Karl Rahner, „werden heute deshalb so unglücklich, weil sie um jeden Preis glücklich werden wollen."[17] Und nichts lässt dein Auto so schnell alt werden wie die Tatsache, dass sich der Nachbar ein neues gekauft hat. „Da, wo du nicht bist, ist das Glück", singt der Wanderer in „des Fremdlings Abendlied" von Georg Philipp Schmidt (1821), vertont von Franz Schubert (D 493). Die Gier, das Glück zu erjagen, bringt uns gerade um das, was wir uns so sehnlich wünschen.
Kaiserin Elisabeth von Österreich (1837–1898), liebevoll „Sisi"

gerufen, eine der ganz großen unglücklichen Frauengestalten des vorletzten Jahrhunderts, hat in ihren unglücklichen Tagen, und deren gab es viele, versucht, wie Heinrich Heine zu dichten. Eine ihrer Tagebucheintragungen lautet:

> „Der große Wunsch dem größeren weicht,
> Nie zieht ins Herz Genügen ein.
> Und wenn du je dein Glück erreicht,
> So hört es auf, dein Glück zu sein."[18]

27

Der Schmetterling

Eines Tages entdeckt ein Mensch an einem Zweig die Puppe eines Schmetterlings. Weil er neugierig ist, welcher Schmetterling wohl herausschlüpfen wird, beobachtet er die Puppe. Und tatsächlich ... bald wird eine kleine Öffnung sichtbar und der Mensch wird Zeuge, wie sich der Schmetterling über viele Stunden abmüht, seinen Körper durch die schmale Öffnung zu zwängen. Nach einer gewissen Zeit erscheint es dem Menschen, als ginge es nicht mehr weiter. Es sieht so aus, als ob der Schmetterling keine Kraft mehr hätte, und daher fasst der Mensch den Entschluss, dem Schmetterling zu helfen. Vorsichtig vergrößert er das Loch in der Puppe. Der Schmetterling wird dadurch schnell befreit. Aber irgendetwas stimmt nicht: Der Schmetterling hat einen geschwollenen Körper und verschrumpelte Flügel. Der Mensch beobachtet den Schmetterling weiter und erwartet, dass sich der Körper langsam zusammenziehen wird und dass sich die Flügel entfalten. Aber nichts dergleichen passiert. Der Schmetterling krabbelt mit seinem dicken Körper herum. Mit seinen deformierten Flügeln ist er nicht in der Lage zu fliegen. Was der Mensch in seiner Hilfsbereitschaft und Ungeduld nicht versteht, ist, dass die Natur es vorsieht, Wandlungsprozesse immer mit Anstrengungen und oft auch mit Schmerzen verbunden sein zu lassen. Durch die Anstrengung, die der Schmetterling unternehmen muss, um die Puppe zu verlassen, wird die Flüssigkeit im Körper in seine Flügel befördert, sodass er die Fähigkeit zum Fliegen erreicht, sobald er sich endgültig von seiner Hülle befreit hat.

Manchmal sind Anstrengungen und das Überwinden von Hindernissen genau das, was wir in unserem Leben brauchen – auch wenn wir im Moment der Herausforderung dies nicht als wünschenswert, gerecht und angenehm empfinden. Und so lernt der Mensch zu begreifen: Wenn ich um Kraft bitte, kommen nicht selten Schwierigkeiten, um mich stark zu machen. Wenn ich um Weisheit bitte, werden mir immer wieder Probleme gegeben, um sie zu lösen. Wenn ich um Wohlstand bitte, wird mir bewusst, dass ich ein Gehirn und Muskelkraft besitze, um mir Wohlstand zu erarbeiten. Wenn ich um Liebe bitte, kreuzen immer wieder besorgte, unruhige und schwache Menschen meinen Weg, damit ich ihnen beistehen kann. Zu guter Letzt versteht er und sagt zu sich: Das Leben meint es gut mit mir, es gibt mir nicht, was ich will, aber alles, was ich brauche!

28

Zwei Mönche

Zwei Mönche lesen in einem alten Buch, am Ende der Welt gäbe es einen Ort, an dem sich Himmel und Erde berührten. Beide sind sie fest entschlossen, diesen Ort zu suchen und nicht aufzugeben, bevor sie ihn gefunden hätten. Gemeinsam durchwandern sie die Welt, bestehen unzählige Prüfungen, überwinden Gefahren, erleiden Entbehrungen, die eine Wanderung durch die ganze Welt erfordert, und widerstehen allen Versuchungen, die einen Menschen von seinem Ziel abbringen könnten. Am Ende ihrer Wanderung, so hatten sie gelesen, würden sie eine Tür finden, bräuchten nur anzuklopfen und einzutreten, um dann dort zu stehen, wo der Himmel die Erde berührt.

Schlussendlich bewahrheitet sich alles so, wie sie es gelesen hatten. Am Ende ihrer langen Reise, beide sind müde und alt geworden, stehen sie vor der geheimnisvollen Tür, klopfen an, treten ein – und stehen zu Hause in ihrer Klosterzelle, aus der sie vor Jahren ausgezogen waren. Da begreifen sie: Der Ort, an dem der Himmel die Erde berührt, befindet sich im Hier und Jetzt![19]

Was die Fische vom Wasser wissen

Eine alte Klosterhandschrift erzählt davon, wie Fische miteinander zu philosophieren beginnen. „Man behauptet", sagt einer, „dass unser Leben vom Wasser abhängt. Aber wir haben noch niemals Wasser gesehen. Wir wissen nicht, was Wasser ist." Da sagen einige, die klüger sind als die anderen: „Wir haben gehört, dass im Meer ein gelehrter Fisch lebt, der alle Dinge kennt. Wir wollen zu ihm schwimmen gehen und ihn bitten, uns das Wasser zu zeigen." So machen sich einige auf, kommen auch endlich zum Meer und fragen den Fisch. Nachdem der weise Fisch sie angehört hat, sagt er ihnen: „Ihr dummen Fische! Im Wasser lebt und bewegt ihr euch. Aus dem Wasser seid ihr gekommen, zum Wasser kehrt ihr wieder zurück. Ihr lebt im Wasser, aber ihr wisst es nicht."

30

Die Taubheit der Sterblichen

Martin Buber erzählt von einem gottbegeisterten Mann, der es satthat, ein Leben lang tauben Ohren zu predigen und dabei das Gefühl zu haben, von den Menschen bestenfalls dafür belächelt zu werden. Enttäuscht macht er sich allein auf den Weg zur Pforte des Lebens, klopft dort an und wird von innen her gefragt: „Was suchst du hier?" – „Ich habe", so rechtfertigt er sich, „den Sterblichen dein Lob verkündet, aber ihre Ohren waren mir taub, deshalb komme ich allein zu dir, damit wenigstens du mein Lob vernimmst!" Doch die Stimme antwortet: „Kehr um, hier ist dir kein Ohr, in die Taubheit der Sterblichen habe ich mein Hören versenkt!"[20] Könnte es sein, dass Menschen, wenn sie miteinander reden, auch dann, wenn sie dabei das Gefühl haben, einander zu verfehlen, trotzdem gut beraten sind, nicht voneinander zu lassen? Besser, so ermutigt mich diese Geschichte, es immer wieder zu versuchen, als vorschnell den endgültigen Rückzug anzutreten. Wer sich im täglichen Miteinander von tauben Ohren nicht entmutigen lässt, mag darüber staunen, wozu ihn seine Fantasie beflügelt und wie viel Freude es ihm bereitet, am längeren Ast des Verständnisses zu sitzen ...

Geduld bringt Rosen

In Andrej Tarkowskijs Film „Opfer" (1985/86) erzählt der in eine Krise geratene Intellektuelle Alexander seinem Sohn folgende Geschichte, während er einen verdorrten Baum in den Boden pflanzt: „Jetzt kannst du kommen und mir helfen, mein Junge. Einmal, vor sehr langer Zeit, verstehst du, da lebte ein alter Mönch in einem orthodoxen Kloster, Pamwe hieß er, der pflanzte auf einem Berg einen trockenen Baum, genauso wie ich das jetzt tue. Und zu seinem Schüler, das war ein Mönch, der hieß Joann Kolow, sagte Pamwe, er solle diesen Baum täglich wässern, bis er zum Leben erwachen würde. Gib mir mal ein paar von den Steinen da" …
„Und so füllte Joann jeden Morgen in aller Frühe einen Eimer mit Wasser und machte sich auf den Weg. Er stieg hinauf auf den Berg und wässerte den trockenen Baumstamm, und am Abend, als es schon dunkel war, kehrte er zurück ins Kloster. Und so ging das drei ganze Jahre lang. Aber dann, eines schönen Tages, kam er auf den Berg und sah, dass sein ganzer Baum übersät war mit Blüten! Und man kann sagen, was man will, diese Methode, dieses System hat etwas Großartiges. Weißt du, manchmal, da sage ich mir, wenn man jeden Tag zu der gleichen Zeit ein und dieselbe Sache tun würde, wie ein Ritual, unerschütterlich, systematisch, jeden Tag ständig zu der gleichen Zeit, dann würde sich die Welt verändern. Etwas in ihr würde sich verändern, es könnte gar nicht anders sein."
Wider jede Vernunft den verdorrten Baum wässern, scheinbar nutzlos und zwecklos, aber unerschütterlich, weil „sinnvoll von innen her" das Notwendige zu verrichten: Davon erzählt auch die Bibel in vielen Geschichten. Eine davon erzählt, wie Abraham und seine Frau Sara „in sich hinein lachen" (Gen 17, 17 ff.), als sie er-

fahren, dass einem Hundertjährigen noch ein Sohn geschenkt werden und eine Neunzigjährige noch gebären soll. Ihren übers Jahr dann geborenen Sohn nennen die beiden deshalb auch „Jizchak" – „Er lacht". Der estnische Komponist Arvo Pärt (geb. 1935), der als einer der bedeutendsten lebenden Komponisten Neuer Musik gilt, hat mit seiner Komposition „Sarah Was Ninety Years Old" (1976/90) eine längere Phase künstlerischer Unfruchtbarkeit kuriert und damit beeindruckend dokumentiert, dass Sarahs spätes Aufblühen auch ihm und seinem künstlerischen Schaffen zuteilgeworden ist.[21]

Skizzen & Notizen

32

Lucius Annaeus Seneca

Der römische Philosoph, Dramatiker, Naturforscher und Politiker Lucius Annaeus Seneca (4 v. Chr–65 n. Chr.) war einer der meistgelesenen Schriftsteller seiner Zeit. Wir verdanken ihm kurze pointierte Weisheiten wie diese: „Wir müssen sehr darauf achten, dass die, die wir in unser Haus einladen, uns selbst mehr schätzen als unsere Einrichtung!" Oder: „Für den, der nicht weiß, welchen Hafen er ansteuern soll, ist jeder Wind der falsche." Oder: „Fange nie an, aufzuhören – hör nie auf anzufangen!" Am Schluss seines 106. Briefes an Lucilius Iunior klagt er:

> *„Mit Steinchen spielen wir. An Überflüssigem nutzt man den Scharfsinn ab. Das macht einen nicht gut, sondern gelehrt. Klarer ist es, vernünftig zu sein, nein vielmehr: einfacher. Für das richtige Denken braucht man nur wenig Gelehrsamkeit, aber wie wir uns auch sonst im Überflüssigen verlieren, so auch in der Philosophie selbst. Wie in allen Dingen leiden wir auch in der Wissenschaft an Maßlosigkeit: Wir lernen nicht für das Leben, sondern für die Schule."*[22]

Die Antike versteht unter „Schule" ursprünglich „Muße", „Ruhe", „Freizeit für das Wesentliche" und damit die „Beschäftigung mit der Philosophie während der Mußestunden". Schule ist so gesehen ein „Ort des sprudelnden Überfließens" als Gegensatz zum von Seneca angeprangerten „Überflüssigen" (lat. „supervacuum"). Schule also sollte nach Seneca kein Ort des Überflüssigen und kein Platz für Hohlköpfe sein, sondern ein Ort der Fülle, des Erfüllt-Seins, ein Synonym für Motivation, Inspiration, Begeisterung, Fantasie und Lebensfeuer … Auch das griechische Substan-

tiv „he scholé" gehört im Sinne von „in der Arbeit innehalten"
zum Stamm von griechisch „echein" – „haben, halten, innehalten".
Das Gegenteil von „he scholé" heißt im Griechischen „hektikos" –
fieberhaft, aufgeregt, von krankhafter Betriebsamkeit, sprunghaft
und gehetzt. Im Blick auf ein optimales Lehrer-Schüler-Verhältnis
bedeutet das zuallererst, im Feld des gemeinsamen Lernens der
Hektik den Kampf anzusagen. Sie ist eines der größten Hinder-
nisse in der Pädagogik, weil sie die Neugier lähmt, die Freude ver-
treibt, Inspiration, Begeisterung und Fantasie verscheucht.
Ein ermutigendes Gegenbild erzählt der Pädagoge Hans Müller,
der als junger Lehrer in der Asten im Oberen Mölltal in Kärnten
unterrichtete: Nach dem Unterricht übt er immer wieder mit einem seiner Schüler, der sich beim Lesen weit schwerer tut als seine
Mitschüler. Als der Lehrer merkt, wie sehr sich sein Schüler plagt,
sagt er zu ihm: „Weißt was, Franzi, für heute lassen wir's bleiben.
Morgen machen wir weiter." Da strahlt ihn sein Schüler an, steht
auf und sagt zu ihm: „Lesen konn i nit, aber di, Lehrer, hon i gern!"

33

Hadrian VI.

Wer das Wirken des aktuellen Papstes Franziskus beobachtet, mag im Blick auf das kurze Pontifikat von Hadrian VI. über so manche Parallele zu heute erstaunt sein:

Nach den Päpsten Sixtus IV. († 1484), Alexander VI. († 1503), Julius II. († 1513) und Leo X. († 1521), die entweder auf sehr großem Fuß gelebt hatten und/oder nur auf den Vorteil ihrer Familienmitglieder bedacht gewesen waren oder Italien mit Krieg überzogen hatten, muss Papst Hadrian VI. seine Mitmenschen und auch seine geistlichen Kollegen, ob hoch oder niedrig, durch sein völliges „Anderssein" in wahres Erstaunen versetzt haben. Viele werden große Probleme gehabt haben, diesen Papst überhaupt zu begreifen. Musste er wirklich Jesus Christus in dessen Bescheidenheit folgen? Wo waren die prächtigen Feiern im Vatikan geblieben? Warum wurde das Geld nicht mehr mit beiden Händen aus dem „päpstlichen" Fenster geworfen, damit sich jedermann daran bereichern konnte? Dies fragten sich nicht nur die venezianischen Botschafter, nachdem sie den Papst persönlich kennengelernt hatten. Marin Sanudo (1466–1536) hielt deren schriftliche Bemerkungen bezüglich des Papstes Hadrian VI. am 25. Mai 1523 in seinen Notizen fest:

Dieser Papst steht lange vor Tagesanbruch auf, sagt seine Kanzlei, und kehrt dann ins Bett zurück bis zum Morgengrauen, wenn er [wieder] aufsteht und die Messe zelebriert. Wenn er seine liturgischen Gewänder abgelegt hat, verbringt er mehrere Stunden im Gebet und nach einer Weile lässt er seinen Kaplan die Messe halten, während er sie besucht. Nur danach lässt er andere zu sich kommen und gewährt ihnen eine kleine Anzahl von Audienzen. Hierin ist er ziemlich sparsam, besonders weil sein Mangel an Erfahrung ihn unentschlossen macht, sodass seine erste Antwort in jeder Angelegenheit, ob es sich um eine große oder kleine handelt, „Videbimus" („Wir werden sehen") ist. Er weigert sich, Ratschläge von auch nur einem seiner Kardinäle zu suchen, traut nicht einmal dem höchst ehrwürdigen [Kardinal] Campeggio, der ihm beträchtlich geholfen hat, sodass er wenige Angelegenheiten vorantreibt und (schließlich) jeder unglücklich ist. (…) Der Papst wünscht, einen großen Teil des Tages dem Studium zu widmen; er ist nicht zufrieden, nur zu lesen, sondern wünscht auch zu schreiben und zu verfassen. Dies lenkt ihn von seinen päpstlichen Pflichten ab, so dass zwischen Messen, Gebeten, Hauptmahlzeit, (Zwischendrin)-Schläfchen, dem Studium, dem Gottesdienst und dem Abendessen der Großteil des Tages belegt ist, so dass er nur wenige Audienzen gewähren kann. Darüber hinaus gibt es an drei Morgen in der Woche, am Montag, am Mittwoch und am Freitag, die gewöhnlichen Konsistorien, zu denen noch zusätzlich häufig die speziellen Versammlungen der Kardinäle kommen. Der Papst gibt am Tag nur einen Dukaten für seine Lebensmittel aus. Am Abend nimmt er diesen aus seiner eigenen Tasche heraus und gibt ihn seinem persönlichen Haushofmeister, dabei sagt er: „Kaufe davon das Essen für morgen." Seine Kost besteht aus einigem Kalb-, Rindfleisch, Hühnchen, manchmal gewöhnlichen und sehr einfachen Fischsuppen, die man normalerweise zu den Nachtwachen an Feiertagen zu sich nimmt. Er brachte eine Frau aus seinem eigenen Land [Flandern] mit, die für ihn kocht und die sein Bett macht und die seine Kleidung wäscht. Hinter seiner Kammer hat er einen Studierraum voll mit Büchern, wo er studiert und wo er die Mehrzahl seiner geheimsten Audienzen hält ...[23]

Wie Papst Franziskus im Dezember 2014 bei seiner jährlichen Weihnachtsbotschaft die Kurie seiner Kirche scharf kritisiert, ihre Missstände anprangert und ihr 15 Kritikpunkte vorhält, sorgt auch eine Instruktion von Hadrian VI. für Aufsehen, in der sich der Papst mit Martin Luther und dem Protestantismus auseinandersetzt und dabei auch die Schuld des heruntergekommenen Klerus der katholischen Kirche zur Sprache bringt. Es sei nicht zu verwundern, so der Papst, dass die Krankheit sich vom Haupt auf die Glieder, von den Päpsten auf die Prälaten verpflanzt habe. Wörtlich schreibt er: „Wir alle, Prälaten und Geistliche, sind vom Weg des Rechtes abgewichen ...; ein jeder von uns soll betrachten, weshalb er gefallen, und sich lieber selbst richten, als dass er von Gott am Tage seines Zornes gerichtet werde." [24]

Der einzige Kardinal, den er während seines Pontifikats ernennt, sein Freund Wilhelm von Enckenvoirt, Bischof seiner Heimatstadt Utrecht, setzt ihm ein kostbares Grabmal mit einer programmatischen Inschrift, die er einer Notiz von Plinius dem Älteren entlehnt: „Proh dolor! Quantum refert in quae tempora vel optimi cujusque virtus incidat!" – „Ach, wie schade! Wie viel hängt doch davon ab, in welche Zeitumstände die Kraft auch des besten Menschen fällt!" [25]

34

Martin Luther

Nach der Rückkehr der Päpste aus Avignon (1309–1377) lautete die römische Devise wieder: „ubi papa, ibi roma" – „Wo der Papst ist, dort ist Rom!" Die Renaissancepäpste gestalteten eine Epoche zwischen Glanz, Zerfall und Vetternwirtschaft. Julius II. (1443–1513) baut St. Peter neu und benötigt dafür Geld, den sogenannten „Peterspfennig". Im Dominikaner und Ablassprediger Johann Tetzel (1460–1519) findet der Papst einen willkommenen Gehilfen: „Sobald das Geld im Kasten klingt, die Seele in den Himmel springt", so Tetzels Devise, die er an der Elbe nahe Pirna marktschreierisch verkündet. Dem Augustinereremiten Martin Luther (1483–1546) erscheint das als Gotteslästerung. Seine 95 Thesen, die er als Reaktion darauf in Wittenberg veröffentlichte, erklären sich aus tiefgreifender Enttäuschung darüber, garniert mit der Erinnerung an Luthers Aufenthalt in Rom um die Jahreswende 1510/11. Die Eindrücke, die er dort gewonnen hatte, sollten ihn zeitlebens begleiten. Und in Bezug auf die Reformation schreibt Thomas Kaufmann, dem wir eine gründliche Studie zur Geschichte der Reformation verdanken:

Es ist nicht zu übersehen, dass ihm mancherlei dessen, was er in der ewigen Stadt gesehen hatte, (…) die Rezeption antirömischer Polemik erleichterte. Insofern stellt auch Luthers Romreise zwar keine Quelle des Bruchs mit der Papstkirche dar, wohl aber eine Voraussetzung dafür, dem später vollzogenen Bruch nachträglich eine besondere Plausibilität und Popularität zu verleihen.[26]

Auch wenn die Historizität des Thesenanschlags, bei dem Martin Luther seine 95 Thesen am 31. Oktober 1517 an die Tür der Schlosskirche in Wittenberg genagelt haben soll, umstritten ist, steht außer Zweifel, dass er damit gegen den geschäftsmäßigen Handel mit Ablassbriefen auftritt. Ausgehend vom Wort Jesu „Tut Buße" (Mt 4,17) wendet sich Luther zunächst gegen die kirchlich geschürte Angst vor dem Fegefeuer. Ab der These 21 bildet der Ablasshandel den Schwerpunkt seiner Abhandlung. Er bezeichnet den Ablass als „gutes Geschäft" und stellt die Frage: „Warum baut der Papst, der heute reicher ist als der reichste Crassus, nicht wenigstens die eine Kirche St. Peter lieber von seinem eigenen Geld, als dem der armen Gläubigen?"

In seiner Rechtfertigungslehre wendet sich Luther gegen jede Art von Geschäftemacherei und untermauert seine Position in seiner Schrift „Von der Freiheit eines Christenmenschen" (1520), in der er sich gegen jede Art einer naiven, archaischen Religiosität wendet, die Strafandrohung und Schutzbedürfnis zu vereinen versucht. Wer mit Gott droht und gleichzeitig seinen Trost verspricht, bedient ein naives, archaisches Gottesbild, das niemals in die Freiheit führen kann. Die Rahmenbedingungen eines solchen Gottesbildes lauten: „Wen Gott liebt, den züchtigt er." Und die Haupttugend eines solchen moralisierenden Gottesglaubens ist der Gehorsam nach der Devise „blind gehorchen und aufs Wort parieren". Luther zeigt auf, wer an einem solchen Gottesbild aus Machtgründen ein besonderes Interesse haben wird: Feldwebel, Schulmeister, Pfarrherren und Landesherren. Ihr gemeinsames Interesse bestünde darin, das Selbstbewusstsein des Menschen klein zu halten und es auf eine gesetzgebende Obrigkeit hin auszurichten. Luthers unerschrockener Protest dagegen ist aus spiritueller und psychohygienischer Sicht auch heute noch nicht hoch genug anzuerkennen.

35

Martin Buber

Der österreichisch-israelische jüdische Religionsphilosoph Martin Buber (1878–1965) war in der Zeit meines Theologiestudiums mein absoluter Favorit. Die Lehrtätigkeit Bubers und sein enormes schriftstellerisches Schaffen umfasst drei Hauptbereiche: Einmal sein philosophisches Hauptwerk „Das dialogische Prinzip. Ich und Du. Zwiesprache. Die Frage an den Einzelnen. Elemente des Zwischenmenschlichen", dann „Die Erzählungen der Chassidim" und nicht zuletzt seine Übersetzung der Schriften des Ersten Testamentes gemeinsam mit Franz Rosenzweig.[27] Alles, was ich von Buber bekommen konnte, habe ich gelesen, manchmal laut, um die Schönheit seiner Sprache und die Pointiertheit seiner Erzählungen von innen her verkosten zu können. Sein Hauptwerk „Ich und Du" habe ich mehrmals gelesen, war mir auch gewiss, es gut verstanden zu haben, bis ich mir von Augustinus Wucherer-Huldenfeld, meinem Lieblingsprofessor an der Katholisch-theologischen Fakultät der Universität in Wien, bei einer Prüfung habe sagen lassen müssen, dass ich damals so gut wie gar nichts vom Buber'schen Denken verstanden hätte. Was ich aber seither, wie ich mir einbilde, sehr gut verstehe und von Martin Buber gelernt habe, ist, dass Religion und Alltag sich nicht voneinander trennen lassen. Mit religiösen Augen betrachtet mag der Alltag zwar in einem anderen Licht erscheinen, wirklicher, größer, geheimnisvoller, aber es muss der Alltag bleiben. Wie alles Leben, so brauchen auch Grundhaltungen wie Religion und Glaube den Boden unter den Füßen.
Eindringlicher, überzeugender und vor allem schmerzlich-praktischer als bei Martin Buber habe ich noch nirgends „erklärt" gefunden, warum Religion in den Alltag hinein und nicht aus ihm he-

rausführt. Er sei, erzählt Buber, einmal an einem Vormittag nach einem Morgen „religiöser Begeisterung" von einem unbekannten jungen Menschen besucht worden, ohne mit der Seele dabei zu sein. Er habe es durchaus nicht an einem freundlichen Entgegenkommen fehlen lassen, er habe diesen jungen Mann nicht nachlässiger als alle seine Altersgenossen behandelt, die immer wieder zur bestimmten Tageszeit an die Tür des Professors klopften, um ihn wie ein Orakel zu befragen. Buber habe sich also auch mit diesem Studenten unterhalten, sich ihm gegenüber aufmerksam und freimütig verhalten – nur, die Fragen habe er nicht erraten können, die der eigentliche Grund gewesen sein mögen, warum der junge Mann an die Tür des Gelehrten geklopft hatte.

Diese Fragen habe er dann aber später, nicht lange darauf, von einem seiner Freunde erfahren müssen – sein junger Besucher lebte da schon nicht mehr – er habe erfahren, dass er nicht beiläufig, sondern schicksalhaft zu ihm gekommen war, nicht um Plauderei, sondern um Entscheidung, gerade zu ihm, gerade in dieser Stunde. Buber fragt: „Was erwarten wir, wenn wir verzweifeln und doch noch zu einem Menschen gehen?" Und er gibt zur Antwort: „Wohl eine Gegenwärtigkeit, durch die uns gesagt wird, dass es ihn dennoch gibt, den Sinn." Seit dieser Erfahrung, schreibt Buber, habe er jenes „Religiöse", das nichts als Ausnahme ist, Herausnahme, Heraustritt, Ekstase, aufgegeben oder aber er wurde von dieser Art des Religiösen aufgegeben. Und so besitze er nichts mehr als den Alltag, aus dem er nie genommen werde. Abschließend sagt er: „Ich kenne keine Fülle mehr als die Fülle jener sterblichen Stunde an Anspruch und Verantwortung … Wenn das Religion ist, so ist sie einfach alles, das schlichte gelebte Alles in seiner Möglichkeit der Zwiesprache."[28]

Das Dilemma aller Sorge um das Innerste des Menschen, um Seel-Sorge einmal so zu bezeichnen, tritt nach meiner Erfahrung vor allem dort auf, wo im Alltag zwischen Gott und Welt, zwischen sakral und profan, innen und außen, oben und unten genau definierte Grenzziehungen vorgenommen werden. Sehr schnell ergibt sich daraus natürlich eine gekünstelte „Entweder-oder-Alternative". Wer das Religiöse nur auf der einen Seite sucht, geht stillschweigend davon aus, dass es auf der anderen Seite nicht zu finden ist. In Bubers Erzählung besteht der schmerzliche Lernprozess gerade darin, erkennen zu müssen, dass mit dem, was wir Religion nennen, immer und überall zu rechnen ist. Wenn man das Religiöse einem besonders markierten Ort zuweisen wollte, wird es sich dort nicht einsperren lassen. So betrachtet besteht das Religiöse nicht mehr nur in der Ausnahme oder der Herausnahme, sondern im Alltag. Je mehr sich Menschen in helfenden Berufen aus dem Alltag herausnehmen und sich selbst mit dem, was sie für die ihnen Anvertrauten tun, in Sonderbereiche verlegen, umso mehr laufen sie Gefahr, die Menschen in ihrem tiefsten Kern und in ihrer konkreten Not nicht mehr zu erreichen. Wer von vornherein alle Fragen der Religion aus dem beruflichen wie auch privaten Alltag ausklammert, weil er sich dafür nicht zuständig fühlt oder gar damit nichts zu tun haben will, muss sich fragen lassen, wie ernst es ihm wohl sein mag mit der bedingungslosen Akzeptanz seiner ihm anvertrauten Menschen und deren konkreter Not.

36

Aaron Antonovsky

Dem israelisch-amerikanischen Medizinsoziologen Aaron Antonovsky (1923–1994) verdanken wir einen ganz neuen Blick auf
die Gesundheit und das Wohlergehen des Menschen. Antonovsky wertete 1970 eine Erhebung über die Anpassungsfähigkeit von
Frauen an die Menopause aus. In jener Gruppe, die in einem NS-
Konzentrationslager interniert gewesen war, wurden immerhin
29 Prozent als psychisch und physisch nicht gesundheitlich beein-
trächtigt beurteilt, während es in der Kontrollgruppe 51 Prozent
waren. Dass 29 Prozent der KZ-Überlebenden trotz unvorstellba-
rer Qualen als gesund beurteilt wurden, überraschte Antonovsky. Er ging der Frage nach, was diesen Frauen geholfen hatte, die
unmenschlichen Bedingungen im KZ zu überleben. So wurde die
Frage nach der Entstehung von Gesundheit in die Wissenschaft
gebracht und von Antonovsky als „Salutogenese" bezeichnet. In
der Entwicklung seiner „salutogenetischen Prinzipien" beschäftigt ihn nicht so sehr die Frage der „Pathogenese", warum also
und woran ein Mensch erkrankt, sondern die Frage, warum ein
Mensch trotz widriger Umstände gesund bleibt.

Für Antonovsky bewegt sich der Mensch ständig auf einem Kon-
tinuum zwischen Gesundheit und Krankheit. Damit sich das Verhältnis beider Variablen im Gleichgewicht befindet, oder vielleicht
mehr in Richtung Gesundheit ausschlägt, nutzt er verschiedene,
ihm zur Verfügung stehende Ressourcen. So definiert Antonovsky
den Begriff des „Sense of Coherence" (SOC), welcher die Fähigkeit eines Menschen beschreibt, die ihm gebotenen Ressourcen
zu nützen, um sich gesund zu halten. Dabei ergibt sich die Frage,
warum zwei Menschen (oder eben auch Unternehmen), die dem
gleichen Stress ausgesetzt sind und dieselben Ressourcen zur Ver-

fügung haben, dennoch so grundsätzlich verschieden reagieren. Eine Person wird krank, die andere bleibt gesund. Für Antonovsky ist dafür der unterschiedlich stark ausgeprägte „Sense of Coherence" verantwortlich. Ins tägliche Leben übersetzt bedeutet das:

1. Je mehr ein Mensch verstehen kann, was in ihm und um ihn herum vor sich geht, umso eher kann er Belastungen ertragen und an diesen sogar wachsen.

2. Je mehr ein Mensch, dort, wo er seinen Alltag lebt, diesen Alltag mitgestalten kann und je weniger er sich als „nützlicher Idiot" von Mitmenschen und Fachidioten für deren Zwecke missbraucht fühlt, desto besser wird er sich fühlen und umso höher wird die Wahrscheinlichkeit sein, dass er gesund bleibt.

3. Je mehr ein Mensch in dem, was er beruflich und privat Tag für Tag verrichtet, einen Sinn erkennen kann, je mehr er sich also in einem größeren Ganzen beheimatet fühlt und mit dem, was er tut, zu dieser Beheimatung beitragen kann, desto besser wird es ihm gehen, umso eher wird er gesund sein und es auch bleiben können.

37

Auf der Suche nach der Seele

„Es existiert. Die Wissenschaft entdeckt das Unsichtbare",[29] lautet der Titel eines Buches von Univ.-Prof. DDr. Johannes Huber. Die Reaktion der naturwissenschaftlichen Fachwelt auf das Werk wirkte heftig und aufgeregt. Hubers rein naturwissenschaftlich orientierte Kollegen konnten es offenbar kaum ertragen, dass einer von ihnen von Karma und Aura redet und an die Existenz des Unsichtbaren glaubt, an die Seele zum Beispiel oder gar an Schutzengel. Der Autor dieses Buches aber ist kein abgehobener Fantast, seine Schlüsse zieht er aus aktuellen Forschungsergebnissen und belegt damit beeindruckend, wie viel und gleichzeitig wie wenig wir wissen, wie viel zwischen Himmel und Erde noch darauf wartet, entdeckt zu werden.

Gerade in diesem Zusammenhang muss ich kurz skizzieren, was ich unter „Seele" verstehe: Vielen, vor allem einseitig naturwissenschaftlich orientierten Menschen ist die Beschäftigung mit dieser Frage schlichtweg unangenehm, andere wiederum glauben, dass die Seele, von der die Scholastik sagt, sie wäre „gewissermaßen alles", viel zu groß sei, um in einen Körper zu passen. So konnte auch der Pop-Art-Künstler Roy Lichtenstein zum Beispiel nicht verstehen, dass seine Kollegin Kiki Kogelnik an die Existenz der Seele glaubte. Auf seine Frage, wo im Körper ihr Platz wäre, antwortet sie ihm in einem mit ihm aus Anlass einer Ausstellung geführten Interview: „Wo sie ist, kann ich nicht sagen, ich kann nur hoffen, dass die Menschen diese meine Seele in meinen Kunstwerken finden!"[30]

Mir persönlich erscheint „Seele" als das, was wir umgangssprachlich meinen, wenn wir von einem Menschen sagen, er sei „eine Seele von Mensch", er hätte ein „Herz" oder einfach nur, er sei ein

Mensch, der sich anderen Menschen gegenüber als „Mensch" erweist. Mit „Seele" ist also kein innerer Ort im Menschen gemeint, kein von einem Kompass angezeigter Bezirk, der sich getrennt vom Körper untersuchen ließe. „Seele" meint das ganzheitliche Erscheinungsbild, den unübersehbaren und unverwechselbaren Wesenszug eines lebendigen Menschen. Diesem Menschen mit Leib und Seele, Herz und Hirn gerecht zu werden, hieße, im Blick aufeinander dem Innersten eines Menschen mehr Aufmerksamkeit zu schenken. Was Kiki Kogelnik für ihre Kunstwerke erhofft hat, könnten sich Menschen voneinander wünschen: Wie ein Kunstwerk seinen Sinn erst dann erreicht und damit etwas von der Seele seines Schöpfers/seiner Schöpferin preisgibt, so wird das Leben eines Menschen auf Dauer auch nur dann „gelingen" können, wenn er beruflich wie privat ein Fingerspitzengefühl für eine „Kultur der Achtsamkeit" auch sich selbst gegenüber zu entwickeln vermag.

Ganz in diesem Sinn hat Peter Handke in einem seiner Antitexte der biblischen Frage im Markusevangelium, was es einem Menschen nütze, wenn er an der Welt gewinnt, an seiner Seele aber Schaden leidet (Mk 8,36), die Frage gegenübergestellt: „Was nützt es dem Menschen, wenn er an der Seele gewinnt, an der Welt aber Schaden leidet?"[31] Demnach gibt es eine Beschäftigung mit der Welt, die uns die Seele vergessen lässt, und eine Beschäftigung mit der Seele, die uns die Welt vergessen lässt. Jede Art solcher Einseitigkeit führt unweigerlich zu einer verstümmelten Weltsicht und zu einem verkümmerten Menschsein.

38

Heile mit dem Wort

Bereits 400 Jahre vor Christi Geburt lautete das erste Prinzip ärztlicher Heilkunst im Heiligtum des Asklepios: „Zuerst heile mit
dem Wort, dann mit dem Pharmakon und erst dann mit dem
Messer!" Das erste Medikament des Menschen ist also das Wort,
durch das er seine Bedürftigkeit zur Sprache bringen kann. Die
Grundäußerungen dieses „Wortes" sind Bitte und Danke. Es ist
kein wesentlicher Unterschied, ob dieses Wort im intimen Gespräch unter Vertrauten, in der therapeutischen Praxis oder im
Tempel beim Gottesdienst aus dem Mund des Menschen kommt.
Immer wird es vor allem aus dem Bedürfnis geschehen, Bitte oder
Danke zu sagen. Wenn dieses unser erstes Medikament auf den
verschiedenen Ebenen des Alltags verstummt, wenn Bitte und
Danke im Umgang miteinander verstummen, wird aus der zu
Herzen gehenden Kur die Dressur und aus dem heilenden Wort
ein Kommando.
In der Folge verschwindet auf vielen Ebenen des beruflichen und
privaten Alltags die Heilkraft des Wortes, an seine Stelle treten
seelenlose Richtlinien, deren tieferer Sinn nur mehr von Fachleu-
ten verstanden wird. Statt durch Sprache ergriffen zu werden, wird
um Begriffe gerungen, die je nach Kontext etwas anderes bedeuten. Unserer gesamten Kultur muss die heilende Kraft des Wortes wieder in Erinnerung gerufen werden. Von der Wiege bis zur
Bahre, vom Katheder über die Kanzel bis zum Sterbebett hungern
wir im Grunde zuallererst nach dem Pharmakon des zu Herzen
gehenden Wortes.
In diesem Zusammenhang findet sich in der Apostelgeschichte
(2,1–13) im Zweiten Testament eine ewig aktuelle Geschichte,
die davon erzählt, wie in Jerusalem Menschen zusammenkom-

men, die, obwohl einander völlig fremd, füreinander eine Sprache finden, die die darin eingewobenen Unterschiede als Bereicherung erfahren und den unverwechselbaren Klang der Stimme jedes Einzelnen als Teil der Symphonie eines so noch nie erlebten Miteinanders begreifen. „Jeder hört sie in seiner Sprache reden!", heißt es da! Und der eine mag zum anderen sagen: „Ich verstehe mich mit dir so gut!" – „Wie gut ich mich verstehe mit dir!" – „Wie gut ich mich verstehe, weil du da bist!" Die einen staunen, die anderen wundern sich. „Sie waren alle außer sich und wussten nicht ein noch aus – sagte einer zum anderen: Was mag das sein? Andere aber machten sich lustig und sagten: Von Süßwein sind sie vollgelaufen!" (Vgl. Apg 2, 12–13.) Mit etwas Achtsamkeit des Herzens lassen sich im Alltag jedes Menschen solche Erfahrungen finden.

Auf dem Weg vom Rosental zurück nach Bad Kleinkirchheim ruft mich vor Jahren eine Freundin in Wien an und erzählt mir, bei einem Begräbnis in slowenischer Sprache so berührt gewesen zu sein, dass ihr erst auf dem Heimweg auffiel, rein grammatikalisch kein Wort verstanden, dafür aber alles begriffen zu haben! Ganz in diesem Sinne belegt auch die moderne Gehirnforschung eindrucksvoll, dass Menschen von Natur aus auf soziale Resonanz angelegt sind. Was uns berührt, beginnt mit dem Klang unserer Stimme, weil diese direkt aus dem Herzen kommt. „Kern aller menschlichen Motivation ist es, zwischenmenschliche Anerkennung, Wertschätzung, Zuwendung oder Zuneigung zu finden und zu geben."[32]
Der deutsche Logiker und Wissenschaftstheoretiker Matthias Varga von Kibéd hat mich drei Ebenen der menschlichen Sprache zu unterscheiden gelehrt: die beschreibende („deskriptive"), die vorschreibende („normative") und die aus dem Herzen kommende und zu Herzen gehende („kurative").
Eine Sprache, die glaubt, auf eine dieser drei Ebenen verzichten zu können, bleibt entweder inhaltlich leer oder unverbindlich und kalt, gebaut aus Worten wie aus Stein. Die beschreibende Ebene

der menschlichen Sprache ist vorwiegend die Sprache der Naturwissenschaft, die das, was sie sieht und untersucht, beobachtet, misst, wiegt und so beschreibt. Ohne eine solche Sprache gäbe es in der Medizin keine Diagnose, im Fernsehen keinen Wetterbericht, auf Landkarten keine Wegbeschreibung. Die vorschreibende Ebene der Sprache stellt Regeln auf, verordnet Rezepte, stellt Strafzettel aus und verkündet Urteile. Ohne eine solche Sprache gäbe es in der Medizin keine Behandlung, im Straßenverkehr keine Ordnung, im Staat keine Gesetze.

Aber ohne die zu Herzen gehende und aus dem Herzen kommende Dimension der menschlichen Sprache bliebe alles Reden und Miteinander-in-Beziehung-Treten seelenlos und leer. Erst wenn das Wort vom Ton und vom Inhalt her wie eine Kur zu wirken beginnt, die wohltut und deshalb zu Herzen geht, weil sie aus dem Herzen kommt, erreicht sie ihren tiefsten Sinn und Zweck: Sie baut auf, ermutigt, hilft und heilt. Genau genommen ist es aber nicht das Wort, das heilt, sondern der Klang hinter den Worten und zwischen den Zeilen.

Das zeigt sich schon in einer viel zu wenig beachteten anatomischen Besonderheit: Zwischen dem Kopf, dem Kehlkopf, und dem Herzen gibt es einen geheimnisvollen Zusammenhang. Gewöhnlich nehmen alle vom Gehirn ausgehenden sogenannten „effektiven" Nervenbahnen den kürzesten Weg hin zu jenen Muskelregionen, die eine bestimmte Bewegung ausführen sollen. Bei jenen Nerven jedoch, die die Bewegungen der Kehlkopfmuskulatur und damit den Klang der Stimme formen, gibt es einen – und zwar für beide Körperhälften einen unterschiedlichen – Strang, der sonderbarerweise zunächst bis zum Herzen geht und dann wieder zum Kehlkopf zurückläuft. Dieser anatomisch betrachtet durchaus unübliche Umweg wird von den Anatomen als „nervus laryngeus recurrens" bezeichnet. In die Praxis übersetzt bedeutet das: ohne Herz keine Stimme, kein Klang! In jedem, durch den ausströmenden Luftzug hervorgehenden und erklingenden Ton, in jedem Klang der menschlichen Stimme schwingt und wirkt das Herz auf wundersame Weise mit.

Noch rätselhafter und wissenschaftlich überhaupt nicht erklärbar scheinen zwei kleine Ausbuchtungen an den Innenwänden der beiden Vorhöfe des Herzens selbst zu sein, denen man den sinnfälligen Namen „Herzohren" gegeben hat. Sollte also vielleicht selbst das Herz auf etwas hinlauschen und hinhorchen, ohne das die Stimme eines Menschen leblos und seelenlos bliebe?[33] Jeder Art des Miteinanderredens sollte deshalb zumindest eine „Spur" von „kurativer Qualität" zu eigen sein, ein Miteinanderreden, dessen wertschätzend-wohlwollender Klang hinter den Worten und zwischen den Zeilen „wie eine Kur" wirkt, aus dem Herzen eines Menschen kommt und gerade deshalb das Herz eines anderen Menschen zu erreichen vermag.

39

Das Herz aus der Sicht der Weisen und der Religionen

Für Aristoteles ist das Herz das Zentrum des Lebens schlechthin. Es ist aus seiner Sicht der Ursprung aller anderen Organe. Wenn man die Entwicklung eines Embryos nachvollzieht, war seine Sicht der Dinge sogar sehr fortschrittlich. Denn das Herz-Kreislauf-System ist das Erste, das sich in einem Embryo schon nach wenigen Tagen bildet. Im Herzen wird Blut gebildet und nachdem alle Organe durchblutet sind, ist in weiterer Folge der ganze Körper aus dem Herzen entstanden. Daher hat aus Aristoteles' Sicht auch die Seele ihren Sitz im Herzen und steuert von dort aus den ganzen Körper. Er hebt auch das Zusammenspiel von Körper und Seele hervor: wenn sich eines von beiden verändere, verändere sich das andere mit.

Im damaligen „Kulturkampf" war ein regelrechter Streit darüber ausgebrochen, welches denn das wichtigste Organ des menschlichen Körpers sei. Für Hippokrates war es das Gehirn, Aristoteles aber hat eindeutig für das Herz als wichtigstes Organ votiert und damit den Sieg davongetragen, wenn man sich die Bedeutung des Herzens in den folgenden Jahrhunderten in Kultur, Religion und Kunst vor Augen führt.

Die berühmten alten Ärzte legten besonderen Wert auf das Gleichgewicht der Säfte. Es galt als Voraussetzung für das seelische Gleichgewicht. Für Galen, den Leibarzt des Kaisers Marc Aurel, war das Herz eine Quelle der Wärme, die den Blutstrom erzeugt. Demnach fungiere das Herz als eine Art Strahler, der das Blut wärmt und auf seinem Weg durch die Lunge beatmet. Die Geisteskräfte würden so vom Herzen im ganzen Körper verteilt und im Gehirn in Taten umgesetzt. Ein „Übermaß an Blut" galt also als gefährlich. Diese Vorstellung war sicherlich die Grundlage für den Aderlass, der ja Jahrhunderte ein integraler Bestandteil jeglichen medizinischen Handelns war. Auch wenn ihm manche Kritiker nachgesagt haben, dass der Aderlass mehr Menschenleben auf dem Gewissen habe als die Französische Revolution.

Im Alten China fanden die Ärzte als pragmatische Beobachter als Erste heraus, dass das Herz eine Pumpe ist, die das Blut durch den Körper pumpt. Dies äußert sich im tastbaren Puls. Die chinesische Medizin kennt 28 verschiedene Pulsarten und ihre Pulsdiagnostik ist seit Jahrtausenden eine der wichtigsten Diagnosemöglichkeiten. Es gibt zum Beispiel einen Leerepuls, einen rutschigen, einen fadenförmigen, einen zögernden, einen ansteigenden oder einen gespannten Puls, um nur einige zu nennen. Allein aus Art und Qualität des Pulses können Ärzte der chinesischen Medizin Schlüsse auf den Zustand des gesamten Organismus ziehen.

Auch im Judentum kommt dem Herzen eine zentrale Bedeutung zu, wenngleich dem Atem und Geist der Vorrang eingeräumt wird. Nach dem biblischen Schöpfungsbericht erschafft Gott den Menschen nicht, indem er dem Lehmklumpen ein Herz einsetzt, sondern indem er ihm Atem einhaucht. Durch den Atem Gottes wird der aus der Erde des Ackerbodens Geformte zur lebendigen Seele, zum von Gott beseelten Menschen. Und der Tod tritt mit dem letzten Atemzug ein, mit dem auch die Seele den Körper verlässt. Das Herz spielt hier rein körperlich gesehen eher eine Nebenrolle; dass es beim Tod zu schlagen aufhört, findet wenig Beachtung. Im übertragenen Sinn allerdings spielt es eine zentrale Rolle: Im Herzen des Menschen ist Gottes Wille niedergelegt. „Die Worte, die ich dir heute gebiete, sollen auf deinem Herzen sein!" (Dtn 6,6–7) Es gilt, Gottes Gebot mit ganzem Herzen, mit ganzem Verlangen und mit der ganzen Lebenskraft zu erfüllen. Im Herz sind Denken, Emotionen und Willen angesiedelt. Die Emotionen können aber auch auf die Vernunft einwirken.

Salomon, der junge und unerfahrene König, wünscht sich „ein hörendes Herz", und Gott gibt ihm auf seine Bitte „ein weises und unterscheidendes Herz" (1Kön 3, 5,7–12), das es dem König ermöglicht, mit „fühlendem" Herzen sein zum geflügelten Wort gewordenes „Urteil" zu sprechen (1 Kön 3, 16–28).

Im Buddhismus steht das reine Herz für die essenzielle Buddha-Natur. Die Regeln, die den Weg zur Erleuchtung ebnen und ermöglichen, sind in Sutren niedergeschrieben. In allen Richtungen des Buddhismus nimmt das Herz-Sutra eine entscheidende, wenn nicht überhaupt die wichtigste Stellung ein. Es zeigt den Pfad zur Vollkommenheit und in letzter Konsequenz zur vollkommenen Erleuchtung. Das Wesen der Leere und seine Wirksamkeit wird im Mahayana-Buddhismus auf den Punkt gebracht: „Form ist nichts als Leere, Leere ist nichts als Form." „Die sechs Vollkommenheiten sind die Übungen des Gebens, der moralischen Disziplin, der Geduld, des Bemühens, der Konzentration und der Weisheit, welche durch den Herz-Pfad motiviert sind. Wir sollten erkennen, dass die sechs Vollkommenheiten unsere tägliche Praxis sind." (Geshe Kelsang Gyatso)

Eine buddhistische Weisheit argumentiert mit einem schönen Bild: Dein Herz und dein Geist gleichen einem Garten. Du entscheidest, wie du ihn anlegst, welche Pflanzen du darin anpflanzt. Negative Gefühle wie Neid, Hass, Rache, Hochmut und Habgier sind wie Unkraut, das andere Pflanzen ersticken kann. Darum lass deinen Garten nie verwildern, pflege ihn jeden Tag und lasse viel Licht hinein, das du durch positive Energie wie Liebe, Nachsicht, Nächstenliebe, Mitgefühl und Großzügigkeit erschaffst. So wird dir jeder Spaziergang durch deinen Garten jeden Tag Freude bereiten.

Und der Dalai Lama sagt sinngemäß: Die wirkliche Essenz des menschlichen Wesens ist die Güte. Es gibt noch andere Qualitäten, die sich aus der Erziehung und dem Wissen ergeben, aber wenn man wahrhaft ein menschliches Wesen werden und der eigenen Existenz einen Sinn geben will, dann ist es essenziell, ein gutes Herz zu haben. Nach der buddhistischen Lehre ist es unmöglich, dem Buddha nachfolgen zu wollen. Die einzige Möglichkeit besteht darin, den Blick ins Herz zu kehren und so zum Buddha zu werden. Im Außen kann man ihn nicht finden.

Im Hinduismus ist das Herz ein sinnbildlicher, unendlicher Lotos-kelch, in dem das Weltall ruht. Daraus strahlt ein Feuer, auf dem Brahma thront. Im menschlichen Körper gibt es sieben Energie-zentren, die sogenannten Chakren. Man muss darauf achten, dass sie klar und nicht blockiert sind, dann kann die Lebensenergie „Kundalini" frei fließen. Das Herzchakra bildet dabei die ausglei-chende Mitte zwischen den drei darüber- und den drei darunter-liegenden Zentren und vermittelt so zwischen oben und unten, den klaren Kräften des Geistes und den dunklen Strömungen des Unbewussten, zwischen Himmel und Erde, Geist und Materie. Im Körper gibt es nach der hinduistischen Lehre drei Grundsäfte: Galle – zwischen Herz und Nabel, Schleim – oberhalb des Herzens und am wichtigsten: Wind – „Prana", das eigentliche organisieren-de Lebensprinzip, das unter Leitung der Seele alle Lebensfunkti-onen regelt. Die Seele sitzt im Herzen und durchdringt von dort aus den ganzen Körper.

Auch im Islam hat das Herz neben der körperlichen eine spirituel-le Bedeutung. Laut dem Propheten Mohammed baut Allah seinen Thron im Herzen jedes gläubigen Menschen auf. Dieses Herz ver-fügt über zwei Kammern: In einer wirkt der Geist, der unter der Kontrolle Allahs steht, und in der anderen wirkt die Seele, die der Mensch kontrollieren kann. Ziel ist es, die Seele mit dem Geist in Einklang zu bringen. Bei den Sufis, den islamischen Mystikern, kommt dem Herzen eine ganz besondere Bedeutung zu.

Auch im Christentum spielt das Herz eine entscheidende Rolle. Dort steht es als Synonym für das Wort „Seele" oder „Blut" als „Sitz des Lebens", oder für die „ruah Jahwe", den „Atem Gottes", der den angehauchten Staub zum Leben erweckt und so lange am Leben erhält, bis er ihn mit seinem letzten Atemzug aushaucht. Der Prophet Jeremia spricht vom „Herzen des Menschen", in das der Schöpfer sein Gesetz einschreibt: „Ich gebe meine Weisung in ihr Innres, auf ihr Herz will ich sie schreiben, so werde ich ih-nen zum Gott, und sie, sie werden mir zum Volk."[34] Auch unsere Redewendung „Von ganzem Herzen und von ganzer Seele" steht zum ersten Mal im Buch Deuteronomium (Dtn 4,29). Im Matthäusevangelium (Mt 23,37) findet sich der Ausdruck in der noch volleren und vielleicht häufiger zitierten Form: „Von ganzem Herzen, von ganzer Seele und von ganzem Gemüte." – „Wenig, aber von Herzen", sagt man in der Redewendung des Buches Tobit (Tob 4,9): „Hast du viel, so gib reichlich; hast du wenig, so gib doch das Wenige mit treuem Herzen." Auch biblischen Ursprungs ist der Ausdruck, jemanden „auf Herz und Nieren prüfen" (Ps 7,10). Auch die Offenbarung des Johannes verwendet diesen Ausdruck, wenn sie Gott sagen lässt: „Ich bin es, der Herz und Nieren prüft" (Off 2,23).

Darüber hinaus finden sich in der Bibel viele Herzenstexte, deren bildhafte Anschaulichkeit mich beeindruckt, etwa, wenn es dort in der Übersetzung von Martin Luther heißt: „Die Narren haben ihr Herz im Maul, aber die Weisen haben ihren Mund im Herzen" (Jesus Sirach 21,26 – in der Zählung der Lutherbibel Vers 29), oder wenn im 2. Buch Samuel berichtet wird, wie Abschalom als „Herzensdieb" sich „in das Herz der Israeliten stahl" (2 Sam 15,6). Oder wenn die Glaubenskraft eines Menschen im Markusevangelium mit dem Satz beschrieben wird: „Wahr ists, ich sage euch: Wer zu diesem Berge da sagt: Heb dich weg und stürz ins Meer! und nicht zweifelt in seinem Herzen, sondern glaubt, es geschehe, was er sagt – so trifft es ihm ein." (Mk 11,23)

Herzklopfen

Der Puls geht schneller, wir spüren unser Herz, es schlägt bis zum Hals ...

Welche Gründe gibt es dafür? Rein körperlich betrachtet sind dafür Blutarmut, der Mangel an Mineralstoffen oder eine Herzschwäche verantwortlich. Darüber hinaus aber kennt jeder das Herzklopfen bei großer Angst oder gar bei einem Schock. Das breite Spektrum des Herzklopfens reicht vom Anblick einer Spinne über das Alleinsein in der Dunkelheit bis hin zu Prüfungen, neue Leute treffen oder gar vor diesen das Wort ergreifen zu müssen. Die Röte im Gesicht verrät eine „verbesserte" Durchblutung und etwas von dem, was in uns vor sich geht. Wenn wir Speisen essen, die der Organismus nicht gut verträgt, reagiert er oft mit Herzklopfen. So als würde einen das Herz darauf aufmerksam machen wollen, dass hier etwas nicht stimmt. Aber auch Zorn, Ärger oder Wut sorgen dafür, dass das Herz höherschlägt. Wir wissen, dass hohe Stressbelastung zur Ausschüttung von Stresshormonen führt, die das Herz klopfen lassen.

Unser Herz kann aber auch vor Freude hüpfen. Freudige Erwartungen lassen es (bis zum Hals) spürbar klopfen. Auch dies verbessert die Durchblutung und lässt unser Gesicht leuchten ... Zu große plötzliche Freude kann das Herz sogar überfordern. Schon im Alten China gab es die Anweisung, dass eine besonders freudige Nachricht, wie zum Beispiel ein plötzlicher Gewinn, zum Schutz des Betreffenden gut vorbereitet werden muss, am besten dadurch, dass man zuerst etwas Negatives erzählt, wodurch die Emotion absackt und man auf diese Weise beim Überbringen der guten Nachricht Spielraum nach oben hat und so die Balance besser halten kann. Bei Verliebten genügt allein der Gedanke an den

Partner oder die Partnerin, um das Herz höherschlagen zu lassen. Wie unterschiedlich auch die Empfindungen und Emotionen als Ursachen sein mögen: Rein physiologisch betrachtet ist das Herzklopfen immer verbunden mit schnellerer oberflächlicher Atmung und immer gleich!

Redewendungen rund ums Herz

Zahlreiche Redewendungen beruhen auf der alten Auffassung, dass das Herz der Sitz der Empfindung und des Mutes sei. Schon der griechische Dichter Aischylos (525–456 v. Chr.) hat die Sorgen eines Menschen die „Nachbarn des Herzens" genannt. Im Englischen wird „auswendig lernen" mit „to learn something by heart" übersetzt. Im Deutschen reden wir davon, dass uns „schwer ums Herz" wird. Um auszudrücken, dass man jemanden sehr lieb hat, sagt man, er wäre einem „ans Herz gewachsen" oder aber, man trage ihn „im Herzen", „schenke ihm sein Herz". „Sich etwas zu Herzen nehmen" drückt als Redewendung die hohe Bereitschaft aus, sich einem Anliegen oder einer Sache zu widmen oder aber es nicht zu können, das heißt, „es nicht übers Herz zu bringen". Von einer erschreckenden Nachricht sagt ein Betroffener, dass es „ihm fast das Herz abdrückt". „Seinem Herzen einen Stoß geben" meint, die ängstliche oder vorsichtige Natur in uns durch einen plötzlichen Entschluss zu überwinden. „Das Herz in die Hand (oder in beide Hände) nehmen" meint, sich zusammenzunehmen, „sich ein Herz fassen", Mut zeigen. Dagegen bedeutet „das Herz in der Hand tragen" „offenherzig" sein. Wer „sein Herz auf der Zunge trägt", verrät alles, was in seinem Inneren vor sich geht. Goethe dichtete dazu: „Die Lust zu reden kommt zu rechter Stunde / und wahrhaft fließt das Wort aus Herz und Munde."
Von einem tüchtigen, uneigennützigen und hilfsbereiten Menschen sagen wir, er hätte „sein Herz auf dem rechten Fleck", und von einem Feigling, es wäre ihm „das Herz in die Hose gerutscht". Die Hose als „Richtungsangabe", wohin der Mut sinkt, hängt mit der umgangssprachlichen Gleichsetzung von Mutlosigkeit (Angst, Feigheit) mit Durchfall oder beschmutzter Hose zusammen. Von

einem offenherzigen Menschen heißt es, dass er „aus seinem Herzen keine Mördergrube mache". Einen Menschen „ins Herz schließen" kommt wohl als Redewendung vom Vergleich des Herzens mit einem Schrein und dem dazugehörigen Bild vom Herzensschlüssel. Beides spielt in Volksliedern und Redensarten eine wichtige Rolle.[35]

42

Herz, Lunge und Bauch

Einfach zum Staunen – und ganz nüchtern betrachtet – ein paar beeindruckende Zahlen und Fakten zu Herz und Lunge:

- Das Herz des Menschen wiegt normalerweise zwischen 300 und 350 g und ist ungefähr so groß wie die geballte Faust des entsprechenden Trägers.
- Bei einem gesunden jungen Menschen pumpt es circa 5 Liter Blut pro Minute durch den Körper. Das heißt, dass in einer Stunde circa 300 Liter und an einem Tag mehr als 7000 Liter Blut durch den Körper gepumpt werden. Auch wenn man mit einberechnet, dass die Pumpleistung im Alter abnimmt, kann man davon ausgehen, dass in 75 Jahren so circa 180 Millionen Liter Blut gepumpt werden.
- Obwohl das Herz gewichtsmäßig nur 0,5 Prozent des menschlichen Körpers ausmacht, beansprucht es nahezu 10 Prozent des Grundumsatzes. Der Grundumsatz ist die Energie, die der Organismus zur Aufrechterhaltung der Körperfunktionen benötigt.
- Eine Herzmuskelzelle besteht zu mehr als einem Drittel aus Mitochondrien. Diese sind die Energiekraftwerke jeder einzelnen Zelle.
- Die hauptsächliche Funktion des Blutes ist die Versorgung des Organismus mit Sauerstoff. Ein gesunder Mensch atmet täglich circa 10 000 Liter Luft ein und aus.
- Wenn man die Gesamtfläche der Lungenbläschen für den Austausch von Luft berechnet, kommt man auf eine Fläche von circa 80 Quadratmetern.
- Ein gesunder Erwachsener benötigt pro Tag 400 bis 800 Liter Sauerstoff und gibt 350 bis 700 Liter Kohlendioxid ab. In 75

Lebensjahren „veratmet" der Mensch etwa 285 Millionen Liter Luft.

- Das Herz-Kreislauf-System ist das erste System, das sich im menschlichen Embryo schon nach wenigen Tagen bildet. Die Atmung ist wiederum das Letzte, das im Rahmen der Entwicklung zum Tragen kommt. Sie setzt erst direkt nach der Geburt ein, und so schließt sich der Kreis und das Individuum ist bereit, in diese unsere Welt einzutreten.

In den Grenzbereich unseres Wissens fällt in der Medizin die Erkenntnis, dass im menschlichen Darm eine überaus große Zahl an Nervenzellen lokalisiert ist, die uns im Blick auf diese Nervenzellen von einem „Bauchhirn" sprechen lassen. Es gibt durch diese Nerven eine direkte Bauch-Hirn-Achse. Unser Bauchhirn kann nun sicherlich keine komplizierte Abhandlung schreiben oder ein Kunstwerk schaffen, aber es kann Stress feststellen und unsere Instinkte ordnen. Dieses „Bauchgefühl" bewertet Menschen, die wir das erste Mal treffen, oder es hilft uns auch bei schwierigen Entscheidungen. Es beruht aber sicherlich auf den Erfahrungen, die wir schon gemacht haben. Diese können uns aber auch leider in die Irre führen, und zwar dann, wenn wir das Falsche gelernt beziehungsweise schlechte Erfahrungen gemacht haben.

Ganz anders aber verläuft das bei der Intuition, bei der die Nerven des Herzens mithelfen. Intuitiv können wir sogar Ereignisse erfassen, die in der Zukunft liegen. Man kann Intuition sogar trainieren, man muss dabei „nur" lernen, auf sein Herz zu hören. In der chinesischen Medizin ist übrigens der Geist dem Herzen zugeordnet. Instinkte sind angeboren. Wir alle haben einen Strauß an programmierten Verhaltensweisen mitbekommen, die uns überleben helfen oder sogar erst das Überleben ermöglichen.

43

Intuition, Bauchgefühl, Instinkt, was ist das?

Die Intuition ist ein göttliches Geschenk.
Der denkende Verstand ein treuer Diener.
Es ist paradox, dass wir heutzutage angefangen haben,
den Diener zu verehren und die göttliche Gabe zu entweihen.

Albert Einstein

Während meiner Ausbildung zum Psychotherapeuten in den 1990er-Jahren war es in meiner beruflichen und privaten Umgebung durchaus üblich, dass sich einzelne Wissenschaftszweige gründlich voneinander abzugrenzen versuchten. Geisteswissenschaftler wollten mit Naturwissenschaftlern nicht zu viel zu tun haben wie auch umgekehrt die Naturwissenschaftler kein besonderes Interesse an den Forschungsergebnissen der Geisteswissenschaften aufzubringen schienen. Theologen wurde nicht selten von beiden Bereichen jeglicher Anspruch auf wissenschaftliche Solidität abgesprochen. Auch im Blick auf die bereits angesprochene naturwissenschaftliche Skepsis wäre es wohl zu kühn, zu behaupten, dass sich daran viel geändert hätte. Wohl aber glaube ich, nach und nach einen Umdenkprozess feststellen zu können. Eine vor ein paar Jahren auf „Bayern-alpha" ausgestrahlte achtteilige Fernsehserie hat mich darin bestätigt und mich mit dem momentanen Stand der Intuitionsforschung vertraut gemacht. Naturwissenschaftler, Geisteswissenschaftler, Quantenphysiker, Pädagogen, Nobelpreisträger aus unterschiedlichen Forschungsbereichen, geistliche Meister aus allen Weltreligionen bis hin zum Sonnenpriester nach der Tradition der Inka saßen dort im Rahmen der Intuitionsforschung an einem Tisch und berieten ihre Erkenntnisse beziehungsweise die Grenzen ihres Wissens und das, was sie mit ihren Methoden nicht zu erklären vermochten.[36]

Alles Kreative im Menschen lebt von der Intuition. Nicht nur der Künstler, auch der Wissenschaftler, jeder Mensch ist auf die Intuition angewiesen, aber danach gefragt, was er darunter versteht, gerät er in Verlegenheit. In der Literatur wird das Phänomen Intuition auf unterschiedlichste Weise mit „Bauchgefühl", „Geistesblitz", „innere Anschauung", „gefühltes Wissen" beschrieben. Wissenschaftliche Studien haben die Intuition unter verschiedensten Gesichtspunkten beleuchtet, doch eine allgemeingültige Definition ist nicht auszumachen. Jeder scheint unter dem Begriff Intuition etwas anderes zu verstehen.

Am Berliner „Max-Planck-Institut für Bildungsforschung" hat Professor Gerd Gigerenzer besonders einen Aspekt von Intuition untersucht und dafür weltweit Anerkennung gefunden. Dabei hat ihn interessiert, wie Menschen mit einer unsicheren Welt umgehen und in ihr ihre Entscheidungen treffen. Viele dieser Entscheidungen werden unbewusst getroffen, das bedeutet, dass Menschen zwar wissen, was sie möchten, dabei aber nicht sagen können, warum. Und zugleich erkennen sie zunehmend, dass wichtige Entscheidungen in der Wirtschaft, in der Wissenschaft und im privaten Bereich aus dieser intuitiven Begründung heraus gefällt werden.

Wer kann schon sagen, warum er sich in diesen konkreten Menschen verliebt hat oder warum er gerade diesen Menschen zum Freund haben will? Diese Form von intuitiven Entscheidungen, dieses Bauchgefühl als innere Sicherheit kann letztlich nicht schlüssig begründet werden. Es ist da, ohne dass wir genau sagen könnten, was es ist und schon gar nicht, warum. Deshalb ist es leicht verständlich, dass die Intuitionsforschung fächerübergreifend sein muss. Psychologie ist dabei nur ein Aspekt. Seit Langem schon wird Intuition in der Philosophie diskutiert. Aber sie ist natürlich auch ein Gegenstand für Neurowissenschaften und Wissenschaftshistoriker. Überall dort, wo große Wissenschaftler

Entdeckungen machen, ist Intuition im Spiel. Dass all unserem späteren Wissen ein frühes Ahnen vorausgeht, hat schon Alexander von Humboldt erkannt. Dieses „frühe Ahnen" aber lässt sich nicht einordnen und definieren. Je mehr wir es versuchen, umso größer ist die Gefahr, in die Irre geführt und eingegrenzt zu werden. Aber gerade darin besteht ja die Pointe der Intuition: Sie ist frei, offen und eröffnet einen Möglichkeitsrahmen, der nicht vorherbestimmbar ist.

Der Biologe Prof. Dr. Rupert Sheldrake war einer der Ersten, die das Phänomen Intuition wissenschaftlich zu erforschen begannen. Dabei befasste er sich zum Beispiel auch mit Telepathie, damit also, die Absichten oder Bedürfnisse anderer über eine Entfernung hinweg zu spüren. Viele Mütter haben herausgefunden, dass sie merken, wenn ihr Kind sie braucht. Zum Beispiel, wenn ihr Baby einen Unfall hat oder gestillt werden möchte. Sheldrake hat hierzu beeindruckende Studien durchgeführt. Einer Gesellschaft, die einem rein rational-kognitiven Erkennen den Vorzug gibt, muss die „wissenschaftliche" Beschäftigung mit der Intuition suspekt erscheinen. „Aufgeklärten" Menschen gilt sie als irrational oder als Aberglaube. In Indien oder Afrika aber erscheint Intuition als etwas völlig Normales. Die meisten Menschen sind dort dafür offen, und Menschen, die daran glauben, werden nicht milde belächelt. Intuition wird dort akzeptiert als Teil der menschlichen Natur. Das Leben eines Menschen ist ohne diese intuitive Dimension nicht denkbar.

Gerd Gigerenzer weist darauf hin, dass im abendländischen Denken Intuition einmal den direkten und unmittelbaren Zugang zu den Zuständen der Welt oder auch des anderen Menschen bedeutet hat. In einer idealen Zielvorstellung hat man den Menschen eine geradezu überirdische, fast engelgleiche Fähigkeit zugesprochen. Im Zuge der Aufklärung ist diese Perspektive dann allerdings in die Rolle des Zweifelhaften, Zweitklassigen gerutscht. Die „ratio", das klare, vernünftige Denken, wurde über die „intuitio" gestellt. Parallel dazu wurde den Männern die Vernunft und den Frauen die Intuition zugeschrieben. Im Wesentlichen hat sich diese Milchmädchenrechnung bis heute in den Köpfen der Menschen unseres Kulturkreises gehalten. Unser materielles Weltbild gründet deshalb auf Vernunft, Verstand und rationalem Denken. Nicht ganz unbeteiligt daran ist der berühmte, vierhundert Jahre alte Satz von René Descartes (1596–1650): „Ich denke, also bin ich!" Dadurch ist das rationale Denken zum Fundament der abendländischen Kultur geworden.

Doch dieses Fundament bekommt selbst in Wissenschaftskreisen nach und nach erhebliche Risse. Denn wenn der Mensch sich selbst und sein Dasein nur durch die Rationalität begründet, ist das, wie uns auch Gehirnforscher sagen, ein unglaublicher Irrtum. Das aber bedeutet nicht, die Errungenschaften der Aufklärung sowie Vernunft und Verstand über Bord zu werfen und einer rein intuitiven Gesellschaft das Wort zu reden. Eine rein intuitive Gesellschaft wäre genauso zur Katastrophe verdammt wie eine rein rational bestimmte. Demagogie, Diktatur und Terror leben ja im Grunde davon, dass rational oder intuitiv begründete Eigeninitiativen ausgeschaltet werden und der Einzelne auf eine befehlsgebende „Obrigkeit" hin aus- beziehungsweise abgerichtet wird. Was wir brauchen, ist eine ausgewogene Balance, die uns vor der Diktatur der einen und der anderen Seite bewahrt. Dagegen anzukämpfen hieße, die im Menschen schlummernde Krankheit der „Monokausalitis" zu bekämpfen, etwas dagegen zu unternehmen, alles immer nur aus einem einzigen Prinzip heraus erklären zu wollen.

Das hieße dann aber auch: Wenn unser aller Zukunft in einer Gesellschaft größerer intuitiver Wahrnehmung liegen soll, dürfte man dabei aber nicht auf die rationale Begründung vergessen. Das eine ist nicht dazu da, um das andere zu bekämpfen. Beide Seiten müssen einander ergänzen. Der Mensch ist beides: rational und intuitiv, er ist eine „nicht-triviale Maschine", wie Heinz von Foerster es einmal genannt hat. Mit einfachen Formeln ist der Mensch nicht berechenbar.

44

Intuition und Verstand

Wenn wir also Menschen mit Verstand und Intuitionen sind, wie können wir beides in ein Gleichgewicht bringen? Was sind die Aufgaben unseres Verstandes, unserer Ratio und wo hilft uns Intuition? Willigis Jäger, Benediktinerpater und Zen-Meister, erkennt im menschlichen Verstand, in seiner „Ratio" eine gewaltige Errungenschaft, die uns denken und forschen lässt. Gleichzeitig aber erkennt der Mensch in dieser seiner Forschungstätigkeit, dass er im Grunde über diese Welt nicht viel weiß.

Milliarden von Galaxien, in jeder Galaxie Milliarden von Sternen. Jetzt mag sich der Mensch fragen, was diese paar Jahrzehnte, die er hier auf der Erde lebt, für ihn bedeuten, woher er kommt und wohin er geht, warum er überhaupt da ist? Mit seinem Ameisenverstand allein kommt er bei all diesen Fragen nicht weit. Um aus dieser Eingrenzung herauszufinden, so Willigis Jäger, muss der Mensch auf eine transrationale Ebene kommen, die er, je nach Tradition, das Göttliche oder auch die „Leere" nennt oder das „Nichts", aus dem die Welt entstanden ist. Es gibt verschiedene Namen für diese Ebene, die nicht mehr personal-rational erfasst werden kann. Aus ihr kommt das, was wir Intuition nennen.

Seit jeher berichten spirituelle Persönlichkeiten von anderen Erfahrungswelten, die den meisten Menschen verborgen bleiben. Regina Obermayr-Breitfuß, die seit Langem als Psychotherapeutin im Fachbereich Intuition und Persönlichkeitsentwicklung arbeitet, versucht diese Bewusstseinsebenen auf einfache Weise zu veranschaulichen. In unserem Alltagsbewusstsein sind uns meistens das Denken, die Gefühle und die Handlungen bewusst. Das ist die eine Ebene. Wer sich mit Intuition beschäftigt, entdeckt dann noch zwei weitere: Die eine Ebene ist das Ich-Bewusstsein, das einen Abstand schafft zwischen dem Denken und dem Ich, wie auch zwischen den Gefühlen und dem Ich und den Handlungsmöglichkeiten und dem Ich. Die Intuition ist noch einmal eine andere Bewusstseinsdimension, eine dritte Ebene, die die Informationen aus der anderen Bewusstseinsebene sowohl dem Ich zur Verfügung stellt als auch den Gefühlen, den Gedanken und den Handlungen.

Mit etwas Übung können wir uns so selbst beim Denken und Fühlen beobachten. Der Beobachter in uns ist dabei unser eigentliches Ich-Bewusstsein. Wenn wir Gedanken, die in uns auftauchen, einfach wahrnehmen, ohne uns mit ihnen zu identifizieren, ist es so, als ob wir Bilder auf einem Bildschirm beobachteten. Sie tauchen auf, ändern sich und verschwinden wieder. In diesem aufmerksamen Bewusstsein können wir auch unsere Intuitionen wahrnehmen.

Dass wir mit unserem Verstand allein die Herausforderungen unserer Zeit nicht bewältigen können, davon ist auch der Physiknobelpreisträger Prof. Dr. Gerd Binnig überzeugt. Wenn wir durchs Leben gehen, sagt er, kommen wir mit Logik gar nicht zum Ziel. Wenn wir dieses Leben „verstehen" wollen, müssen wir Vermutungen anstellen. Wir müssen vereinfachen. Und in der Regel ist es sogar dann noch viel zu kompliziert. Insofern gibt es für ihn überhaupt nur einen Weg, und zwar den, der Intuition zu folgen, dem inneren Gespür zu vertrauen. Dieses Gespür ist die Grundlage unseres gesamten Denkapparates. Da ist also nicht nur das kleine bisschen Logik, das wir besitzen, da existiert darüber hinaus ein komplexer Apparat, der in der Lage ist, mit Komplexität umzugehen, weil er selbst so komplex ist. Dieser „Apparat" kann für den Menschen der Wegweiser sein im Umgang mit einer Komplexität, die ihn andernfalls überfordern würde.

Wenn wir heute in wirtschaftlicher und politischer Hinsicht überall mit offensichtlicher Überforderung konfrontiert sind, dann wohl auch deshalb, weil die Verantwortlichen dafür viel zu lange viel zu einseitig das Ganze aus dem Blick verloren haben, geleitet von der Gier, in kurzer Zeit maximalen Gewinn auf Kosten derer zu erreichen, die in blindem Vertrauen ihr Schicksal in die Hände sogenannter Experten gelegt haben. Krisen tauchen überall dort auf, wo die Mehrzahl der Menschen das Spiel, das mit ihnen getrieben wird, nicht mehr zu durchschauen in der Lage sind. Das gilt für alle Bereiche des menschlichen Lebens, für Partnerschaft und das familiäre Miteinander genauso wie für Pädagogik und Gesundheit, für Politik, Wirtschaft und Ökologie. Überall dort, wo wir immer mehr von dem, was in uns und um uns herum vor sich geht, nicht mehr verstehen (können), geraten wir in die Krise. Wir nehmen das intuitiv wahr, machen uns ein Bild, sind aber dabei als Einzelne komplett überfordert und hilflos. Was wir brauchen, ist ein gesellschaftliches Wachbewusstsein, ein intuitives Gespür dafür, wo Grenzen überschritten und Rechnungen auf Kosten Ahnungsloser gemacht werden.

45

Intuitives Hören statt blinder Gehorsam

Wenn wir die Frage stellen, wie es überhaupt so weit kommen konnte, dass die eine Seite unseres Menschseins, die Seite der Empfindung, des Fühlens, der Intuition zugunsten des rationalen Denkens und kühler Berechnung so vernachlässigt wurde, gibt der Hirnforscher Prof. Dr. Gerald Hüther eine erschreckend nüchterne Antwort: Wir kommen aus diesem Maschinenzeitalter. Und in diesem Maschinenzeitalter hatte der Mensch vor allem seelenlose Maschinen zu bedienen. Da wäre es, so Hüther, nicht sehr hilfreich gewesen, dabei auch noch Eigengefühle mit einzubringen.[37] Das heißt, wenn ich Maschinen bedienen muss, muss ich selber wie eine Maschine funktionieren. Und so hätte sich der Mensch das Denken des Maschinenzeitalters so lange und gründlich zu eigen gemacht, bis dieser Mensch am Ende auch sich selbst als Maschine begriff. In diesem Zusammenhang ist es dann leicht verständlich, dass er damit das Denken vom Fühlen, das Fühlen vom Handeln, den Kopf vom Herzen trennt. Das ist sehr „zweckmäßig" für jemanden, der sich selbst als Maschine begreift, der selbst gerne wie eine Maschine wäre. Aber mittlerweile merken wir auf allen Ebenen, dass wir genug Maschinen haben und dass wir Menschen brauchen, die mehr sind als „triviale Maschinen", weil Menschen, die wie Maschinen funktionieren, kein Gewissen mehr haben. Die tun alles, Hauptsache, sie funktionieren!
Die Auswirkung eines solchen einseitigen Funktionierens ist eine schleichende, schwer korrigierbare künstliche Trennung zwischen uns, unseren Mitmenschen und dem Rest der Welt. Bei vielen Naturvölkern ist das Bewusstsein der Einheit und der Verbundenheit mit der Natur und allem, was uns umgibt, bis heute lebendig. Davon spricht auch Naupany Puma, Sonnenpriester nach der Tradi-

tion der Inka, der auf seinen Reisen durch die ganze Welt das Wissen seiner Ahnen, welches vor allem ein Wissen über die Natur ist, in Erinnerung ruft. Die innere Stimme, die in anderen Kulturen Intuition genannt wird, ist nach seiner Überzeugung nichts anderes als das Spüren unserer eigenen Bestimmung, unserer eigenen inneren Welt, einer Welt, die uns mit der Natur verbindet. Sie ist die Fähigkeit des Menschen, auf sein Herz, auf sein Innerstes zu hören. Eine Gabe, die uns angeboren ist.

Dass wir den Blick für das Ganze verloren haben, dass wir uns längst schon auf einem Irrweg befinden, bestätigt auch der Biologe Rupert Sheldrake. Er empfindet unsere westliche Wissenschaft als künstlich und beschränkt. Den größten Schock hätte er in jungen Jahren erlebt. Er hätte Biologie studiert, weil er Tiere und Pflanzen liebe. Aber das Erste, was man von ihm verlangt hätte, wäre gewesen, alles, was er studieren wollte, erst töten zu müssen. Nur so wäre es ihm möglich gewesen, DNA und Enzyme für seine Untersuchungen zu extrahieren. Und so hätte er feststellen müssen, dass das, was ihn wirklich interessiert, durch die von ihm verlangten Methoden nicht offengelegt werden konnte. Er wollte einen besseren Weg finden und musste erkennen, dass es in der Wissenschaft durchaus Traditionen der ganzheitlichen Untersuchung gibt. Einige wurden schon vor langer Zeit zum Beispiel von Johann Wolfgang von Goethe inspiriert. Leitgedanke dafür ist die Idee, dass man Dinge in integrativer und ganzheitlicher Weise betrachten kann. Denn, so Goethe: „In der lebendigen Natur geschieht nichts, was nicht in einer Verbindung mit dem Ganzen steht."[38]
Was Goethe schon ahnte, bestätigt heute die moderne Quantenphysik. Hans-Peter Dürr sieht darin eine „holistische" Physik, die die Wirklichkeit ganzheitlich betrachtet. Und er meint, dass wir mit unseren einseitigen Interessen in einer Sackgasse gelandet wären. Das aber bedeutet nicht unbedingt den Rückwärtsgang einzulegen, um in allem und jedem wieder zurückzurudern. Nein! Es genüge schon, nicht mehr so weitermachen zu wollen wie bisher

und den Mut zu haben, über den Zaun zu springen, sich etwas anderes, Neues, so noch nicht Dagewesenes einfallen zu lassen. Vielleicht ist dieser Zaun, mutmaßt er, unser gewohntes rationales Denken. Und Intuition bedeute dann, hinter dem, was ich täglich erlebe, noch etwas anderes zu entdecken und einen Weg, zumindest eine Spur auszumachen, die, je mehr ich mich darauf einlasse, umso verlässlicher wird. Dadurch könnten wir aus einem Reichtum schöpfen, der für uns nicht nur wichtig, sondern unerlässlich wird, weil wir nur dadurch auch mit dem Herzen verstehen, was es in dieser Welt bedeutet, tatsächlich nachhaltig zu leben und zu handeln.

Voraussetzung dafür ist allerdings, dass Menschen wieder Zugang zu sich selbst finden. Sie müssten wieder auf die Idee kommen und intuitiv spüren, was sie ursprünglich wollten. Das müsste wieder freigelegt werden, auf diese Weise müsste Ermutigung wieder möglich werden, oder, um es biblisch zu sagen, Menschen müssten wieder werden wie die Kinder, die neugierig, offen, unerschrocken ihrem inneren Gespür nachgeben und nachgehen. In diesem Sinne beschreibt der Theologe und Psychotherapeut Alfred Kirchmayr die Reife eines Menschen durch das Wiederentdecken des Ernstes, den er als Kind beim Spielen hatte. Denn gerade während wir spielen, erfahren wir, wie wir uns fühlen, wenn die Welt um uns herum in Ordnung ist und damit wir selbst „in Ordnung" sind.

Intuition, die immoralische Methode

Im Blick nach innen bedeutet Intuition immer auch und geradezu einen Blick in eine andere Welt, an der der Mensch teilhat und von der her er seine Wendigkeit und Lebendigkeit erhält. Das Wort Intuition kommt aus dem lateinischen intueri und bedeutet ursprünglich so viel wie „anschauen", „hineinsehen" oder „erkennen". Was finden wir, wenn wir unseren Blick nach innen wenden? Der Benediktiner Anselm Grün, erfolgreicher Autor spiritueller Bücher, verweist auf die Erfahrung der frühen Mönche, die davon reden, dass sie, wenn sie nach innen horchen, in einen Raum der Stille gelangen, den sie als „Gott in uns" bezeichnen. Und wenn Lukas Jesus seinen Zuhörern sagen lässt, dass „das Reich Gottes inwendig in euch" ist (Lk 17,21), dann meint er damit wohl in erster Linie, dass es in jedem Menschen einen freien Raum gibt, in dem er frei, heil und ganz, authentisch und ursprünglich, rein und klar ist.

Zu diesem inneren Bezirk hat das, was wir „Schuld" nennen, keinen Zutritt: Dort ist der Mensch mit seinem innersten Kern im Einklang.

Im christlichen Bereich wird es mit der „Gottesgeburt" ausgedrückt. Gott wird in mir geboren, Christus wird in mir geboren. Der Schweizer Psychiater Carl Gustav Jung (1875–1961), Begründer der analytischen Psychologie, spricht davon, dass Christus ja nicht nur der historische Mensch war, sondern auch ein Archetyp des Selbst. Das bedeutet: Wenn ich Christus anschaue, berühre ich mein wahres Selbst, den Ort, wo ich ganz ich selber bin. Und wenn Jesus nach Lukas bei der Begegnung nach der Auferstehung seinen Gefährten zuruft „Ich bin ich selbst" – *ego eimi autos* (Lk 24,39), meint er damit genau das. Das Wort *„autos"* bezeichnet im Griechischen und in der historischen Philosophie das innere Heiligtum, den Wesenskern, das, wo der Mensch ganz er selbst und frei ist, nicht bestimmt von anderen Menschen. In der Psychotherapie spreche ich gerne ganz in diesem Sinne und in den Worten von Ingeborg Bachmann davon, dass der therapeutische Prozess einen Patienten dorthin begleiten möchte, wo seine Welt „das Geheimnis ihrer Drehbarkeit hat, wo sie noch keusch ist, wo sie noch nicht geliebt und geschändet worden ist, wo die Heiligen sich noch nicht für sie verwandt und die Verbrecher keinen Blutfleck gelassen haben".[39]

Und im Blick auf diese innere, gesunde, ganzheitlich-tragende Mitte eines Menschen regieren „sokratischer Optimismus" und „methodischer Immoralismus". Ein Mensch, der Hilfe sucht, wird von seinem Therapeuten, seiner Therapeutin nicht dirigiert, nicht manipuliert, nicht normiert, nicht dogmatisiert, sondern einzig und allein bedingungslos akzeptiert. Innerstes Motiv und entscheidender Grund dafür ist die (freilich unbeweisbare) Überzeugung, dass die im innersten Wesenskern liegende Wahrheit eines Menschen sich nicht moralisch beschreiben lässt. Die gesellschaftlichen und ethischen Standards helfen nicht wirklich, sie spiegeln bestenfalls die Symptome der Not eines Menschen. Die Frage lautet daher nicht: „Was muss ich tun? Was erwarten die anderen von mir?" Die Frage kann einzig und allein nur lauten: „Was geht in mir vor?" Je näher ich bei dieser Frage dem innersten Bereich komme, umso größer die Chance innerer Heilung und persönlicher Befreiung.

Versuch über die Liebe

Und noch einen – einen Weg höher als alle, zeige ich euch.
Wenn ich mit Zungen der Menschen und der Engel rede,
die Liebe aber nicht habe
– dröhnender Gong bin ich oder lärmende Zimbel.
Und wenn ich Prophetenrede habe
und weiß die Geheimnisse alle
und alle Erkenntnis;
und wenn ich allen Glauben habe – zum Bergeversetzen –
die Liebe aber nicht habe
– so bin ich nichts.
Und wenn ich all mein Hab und Gut veralmose
und meinen Leib zum Verbrennen ausliefere,
die Liebe aber nicht habe
– so bin ich nichts.

Die Liebe ist langmütig.
Gütig waltet die Liebe,
nicht ehrneidig.
Die Liebe eifert nicht;
sie macht sich nicht wichtig.
Sie benimmt sich nicht missfällig;
sie sucht nicht das Ihre.
Sie lässt sich nicht aufreizen;
sie rechnet das Übel nicht vor.
Sie freut sich nicht über das Unrecht;
doch sie freut sich mit an der Wahrheit.
Alles hält sie aus.
Alles glaubt sie;

alles hofft sie;
alles durchharrt sie.
Die Liebe geht nie zugrunde.[40]

Auf der Suche nach Worten, die in besonderer Weise von der Liebe reden, bin ich mehrfach fündig geworden. Als Religionslehrer habe ich meinen Schülern mitzugeben versucht, dass sie sich aus dem Unterricht lediglich einen Grundsatz mit ins Leben zu nehmen bräuchten, den allerdings sollten sie sich ins Herz schreiben: „Was du nicht willst, dass man dir tu, das füg' auch keinem andern zu"; oder positiv formuliert: „Behandle deine Mitmenschen so, wie du von ihnen behandelt werden willst." (Tob 4,16; Mat 7,12; Luk 6,31) Oder in der rabbinischen Übersetzung des biblischen Liebesgebotes: „Liebe Deinen Nächsten, er ist wie Du!" Ein anderes Wort, das Ähnliches zu vermitteln vermag, verdanke ich dem argentinischen Schriftsteller Jorge Bucay. In seinem Buch „Geschichten zum Nachdenken" bezeichnet er die wahre Liebe „als die uneigennützige Aufgabe, Raum zu schaffen, damit der andere sein kann, wer er ist".[41]

Das führt mit etwas Glück in die wunderbare Erfahrung, deren Wortlaut ich dem emeritierten Papst Benedikt XVI. verdanke. Noch als Erzbischof von München hat Joseph Kardinal Ratzinger sein Lebensmotto in zwei wunderbaren Sätzen zum Ausdruck gebracht: „Anderen helfen zu können, hilft mir! Andere tragen zu können, trägt mich!" Wer das erfahren darf, weiß, dass er durch das, was er in der Freiheit seines Herzens anderen tut, selbst beschenkt wird. Nach nichts, sagt uns die Neurobiologie, hätte der Mensch mehr Sehnsucht als nach dem anderen Menschen. Wir könnten auch sagen: Nach nichts hat ein Mensch mehr Sehnsucht als danach, dass sich ein anderer Mensch ihm gegenüber als Mensch erweist. Paracelsus fasste es in dem prägnanten Satz zusammen: „Der Mensch ist des Menschen beste Medizin, das beste Maß ist die Liebe."

Martin Gutl, dem ehemaligen Rektor des Bildungshauses Maria-
trost in Graz, der 1994 mit 52 Jahren viel zu früh einem Krebs-
leiden erlegen ist, verdanke ich wunderbare Texte, die in unver-
wechselbarer Weise von der Liebe reden. In einem seiner Gedichte
heißt es:

VORLÄUFIG
Ich schreibe,
weil ich weiß,
daß die Sprache vorläufig
und die Liebe endgültig ist.
Ich bin überzeugt,
daß die ewige Botschaft der Liebe
stets neue Worte sucht.[42]

48

Die Stunde der „Gutmenschen"

In den letzten Jahrzehnten hat sich das Wort „Gutmensch" in unseren Sprachgebrauch eingeschlichen. Gemeint ist damit die ironische Verkehrung von „guter Mensch" in sein Gegenteil. In politischen Auseinandersetzungen wird der Ausdruck als Kampfparole gebraucht. Im Jänner 2012 schaffte es das Wort auf Platz zwei im Ranking „Unwort des Jahres" 2011 in Deutschland. Aber der Ausdruck geistert schon seit den 1980er-Jahren als Modewort durch den deutschen Sprachraum, um damit Personen zu charakterisieren, die humanistische, auf das Wohl der Gemeinschaft bezogene, auch religiös-mitmenschliche Lebensziele und Argumente höher einschätzen als den egoistischen Blick auf das größtmögliche Maß des persönlichen Glücks.

Wo dieses Wort in meinem Umfeld auftaucht, verrät es mir mehr über den, der es verwendet, als über den, auf den es sich bezieht. Wer immer noch nicht verstanden hat, dass die zentralen Probleme dieser Welt einen möglichst geschlossenen Schulterschluss „aller Menschen guten Willens" benötigen, wer nicht einsehen mag, dass ein dringend not-wendender Wandel von einer Ressourcenausnutzungsmentalität hin zu einer Potenzialentfaltungskultur überfällig ist, wer ausschließlich sein eigenes Wohl im Blick hat und vor den Bedürfnissen anderer die Augen verschließt, dem muss alternatives Handeln lästig erscheinen und ein schlechtes Gewissen bereiten, das er sich mit der Rede von den „Gutmenschen" vom Leib zu halten versucht. Auch diesbezüglich ist die Botschaft der Bibel zeitlos und brandaktuell. Etwa, wenn es im Buch Tobit heißt: „Von deinem Brot gib den Hungernden und von deinen Kleidern den Nackten! Alles, was du im Überfluss hast, gib als Almosen, und dein Auge sei nicht neidisch, wenn du Almosen gibst." (Tobit 4,16)

Noch aktueller und eindringlicher liest sich das leidenschaftliche Plädoyer des Propheten Amos gegen die Ausbeutung:

> *Hört dieses Wort, die ihr die Schwachen verfolgt und die Armen im Land unterdrückt.*
> *Ihr sagt: „Wann ist das Neumondfest vorbei? Wir wollen Getreide verkaufen. Und wann ist der Sabbat vorbei? Wir wollen den Kornspeicher öffnen, das Maß kleiner und den Preis größer machen und die Gewichte fälschen. Wir wollen mit Geld die Hilflosen kaufen, für ein paar Sandalen die Armen. Sogar den Abfall des Getreides machen wir zu Geld." Beim Stolz Jakobs hat der Herr geschworen: Keine ihrer Taten werde ich jemals vergessen.*
> (Amos 8, 4–7)

Wenn nicht alles täuscht, dann schlägt über kurz oder lang die Stunde der guten Menschen. Auch in den oberen Etagen großer Konzerne scheinen es Egoisten und Selbstdarsteller immer schwerer zu haben. „Tschüss, Egoisten: Empathische Gebende und Introvertierte sind geeigneter für Führungsjobs",[43] lautet die Überschrift eines gut recherchierten Artikels von Andrea Hlinka. Plötzlich sieht es so aus, als hätte der „Gutmensch" doch Zukunft. Corinne Bendersky, Professorin an der UCLA Anderson School of Management, empfiehlt lieber, den ruhigen Neurotiker als den beeindruckenden Extrovertierten einzustellen, weil den Letzteren öfter Details entgingen und sie unkonzentrierter sind. 2011 untersuchten Wissenschaftler der „Wharton Business School", einer renommierten Wirtschaftsfakultät der University of Pennsylvania, ob Unternehmen mit introvertierten Chefs erfolgreicher sind als jene mit extrovertierten. Das Ergebnis der Studie: Unternehmen, die viel Eigenverantwortung von ihren Mitarbeitern verlangen, sind besonders erfolgreich, wenn sie von einem introvertierten Chef geführt werden.

Adam Grant, Professor an der Wharton Business School und als Organisationspsychologe einer der Top-Wirtschaftswissenschaftler der Welt, hat er mehr als zehn Jahre lang Studien und Hinweise auf den Wandel in der Arbeitswelt gesammelt, verdichtet und ausgewertet. Die Ergebnisse liegen seit 2013 auch in deutscher Sprache vor.[44] In dieser Analyse teilt er Menschen in drei Kategorien: Die Geber („Giver"), die Ausgleichenden („Matcher") und die Nehmenden („Taker"). Letztere wollen so viel wie möglich von anderen bekommen, während die „Matcher" Leistung nur bei Gegenleistung erbringen. Die Gebenden hingegen geben, ohne etwas dafür zu erwarten. Gerade deswegen werden sie in ihrem Arbeitsumfeld geschätzt. Sie pflegen zwar lose, dafür aber viele Kontakte, werden durch Einfühlungsvermögen, Hilfsbereitschaft und ihr Anliegen, ein bestmögliches Ergebnis für alle zu erzielen, als angenehme Geschäftspartner wahrgenommen. Von ihrem Gegenüber werden sie wegen ihres guten Rufs respektiert, gelten als ehrlich und unterstützend. „Während Nehmer häufig nur sich selbst sehen und abschätzen, was andere ihnen bieten können, haben Geber vor allem die anderen im Blick und achten mehr darauf, was diese von ihnen benötigen"[45], schreibt Grant.

Bei diesen Präferenzen geht es aber nicht ums Geld. Geber und Nehmer unterscheiden sich nicht dadurch, wie viel sie für Wohltätigkeit spenden oder wie hoch ihr Gehalt ist, sondern durch ihre innere Einstellung. Gehirnforscher würden sagen, sie unterscheiden sich darin, ob sie zu den Ressourcenausnutzern oder den Potenzialentfaltern gehören, ob der Blick auf den persönlichen Nutzen oder auf das gemeinsame Wohl im Vordergrund steht. Um als Geber erfolgreich zu sein, müssen sie kurzfristig auch zu Nehmenden und Ausgleichenden werden, zum Beispiel wenn es ihnen aus Zeitnot unmöglich wird, die eigenen Aufgaben zu erfüllen. Tun sie das nicht, werden Gebende schnell zum sich „aufopfernden Wunscherfüller", zum hilflosen Helfer, der zum Schluss selbst auf der Strecke bleibt.

Geben, Nehmen und Tauschen sind drei grundlegende Formen sozialen Miteinanders. Zwischen diesen drei Betätigungsfeldern gibt es aber keine scharfen, unverrückbaren Grenzziehungen. Unser eigentliches Problem besteht aber nicht nur darin, dass wir entweder Nehmende, Ausgleichende oder Gebende sind, aus meiner Sicht besteht unser Problem vor allem darin, dass wir uns bei fast allem, was wir tun, möglichst nicht einmischen, geschickt heraushalten, abwarten, die Welt beobachten, uns in ihr aber kaum engagieren. Es ist so leicht, sich abzuputzen – in einer Zeit der elektronischen Meinungsabsonderung Engagement vorzutäuschen – in einer Welt, in der jeder schnell den Finger auf „Liken" oder „Teilen" legt, statt ihn in tatsächliche Wunden zu legen.

Wir sind zu Conférenciers des Lebens, des Scheiterns der anderen geworden, zu Passiv-Aufmüpfigen. Statt selbst teilzuhaben, uns vorzuwagen, ein Risiko einzugehen, das über das „Liken" eines vorlauten Kommentars hinausgeht. Wir trauern in Foren, die unpersönlicher nicht sein könnten. Wir machen uns „halb-stark" für Opfer, deren Leid wir nicht im Geringsten fühlen können. Je mehr wir uns heraushalten, je weniger wir uns einmischen und mitmischen, umso kümmerlicher wird unser Leben sein.

49

Gesundheit und Krankheit

Am 25. Juli 1930 notierte André Gide in sein Tagebuch:

> *„Ich glaube, dass die Krankheiten Schlüssel sind, die uns gewisse Tore öffnen können. Ich glaube, es gibt gewisse Tore, die einzig die Krankheit öffnen kann. Es gibt jedenfalls einen Gesundheitszustand, der es uns nicht erlaubt, alles zu verstehen. Vielleicht verschließt uns die Krankheit einige Wahrheiten; ebenso aber verschließt uns die Gesundheit andere oder führt uns doch davon weg, sodass wir uns nicht mehr darum kümmern. (...)"* [46]

Gesundheit und Krankheit sind so verstanden fließend-dynamische Zustände, die in ihrer je eigenen selektiven Wahrnehmung nie das ganze Feld des Lebendigen ausleuchten, sondern immer „ein bisschen beschränkt" bleiben, auf einem Auge blind sozusagen. Das Leben ist so betrachtet ein ständiges Pendeln zwischen Gesundheit und Krankheit, Leben und Tod.

Viele Menschen kümmern sich im Sinne dieser ständigen Pendelbewegung recht wenig um ihre Gesundheit. Erst wenn sie ihr Körper dazu zwingt, sorgen sie sich im Sinne effektiver „Reparaturmedizin" und erwarten auf Knopfdruck Besserung, um nachher so weiterzumachen wie bisher. Gesundheitsgenerierende Alternativen aber erfordern Zeit und Verständnis dafür, dass sie als Genesung und Heilung in geduldigen kleinen Schritten von innen her geschehen müssen:

Erster Schritt: Das Studium der Möglichkeiten
In allen unseren Lebenssituationen bieten sich uns nicht nur Alternativen im Sinne des „Entweder-oder". Gerade im Feld des Lebendigen befinden wir uns fast immer im „Sowohl-als-auch". Statt in der Alternative „gesund – krank" zu denken, sind wir gut beraten, uns auf die Suche nach einer dritten Dimension zu begeben, nach „dem so noch nie Bedachten", nach der ganz anderen Möglichkeit, wie es uns auch der bereits skizzierte Mythos von Dädalus zeigt.

Zweiter Schritt: Das, was ist, als das, was es ist, anerkennen
Es mag banal klingen, aber es ist das erste große Problem im Umgang mit Krankheit. Viele Krankheiten werden deshalb so spät behandelt, weil Menschen viel zu lange nicht wahrhaben wollen, dass das, was ist, ist. Weil nicht sein kann, was nicht sein darf, rufen sie oft erst dann um Hilfe, wenn nicht mehr übersehen werden kann, dass schon die längste Zeit nichts mehr so ist, wie es früher einmal war. Das funktioniert vor allem dann hervorragend, wenn man auf die Signale seines Körpers möglichst lange nicht achtet. „Es geht schon", sagen viele Patienten auch dann noch, wenn es schon lange nicht mehr geht. Das hat mit unserer Einstellung zum Körper zu tun. „Der alte Esel" wird sich schon daran gewöhnen, dass mein Wille geschehe. Zuletzt beweist er aber doch, dass er am längeren Ast sitzt. Dabei ist unser Körper alles andere als „nachtragend", er will nur ernst genommen werden! Besser noch: Er will als sichtbarer Repräsentant eines Menschen „wahr-genommen" werden. Seine größte Tugend besteht darin, dass er nicht lügen kann. Der Körper merkt sich alles. Alles, was er zeigt, entspricht der Wahrheit. Darum besteht der zweite Schritt eines Menschen, der sich in Behandlung begibt, das heißt, sich einem anderen Menschen in seiner Not anvertraut: das verstehen zu wollen, was der Körper mit seinem Symptom sagen will!

Dritter Schritt: Jede Krankheit ist eine Krise, jede Krise eine Chance.
Das griechische Wort „krisis" bedeutet „Scheidung", „Zwiespalt", „Streit", aber auch „Entscheidung". Krankheit so betrachtet bedeutet „Zwiespalt" und „Entscheidung" oder „Bedrohung", aber auch die Chance der „Wende zum Besseren". Das allerdings setzt voraus, dass Patientinnen und Patienten sich nicht willenlos und blind zur Reparatur in Behandlung, sondern vertrauensvoll sich in die Hände von Menschen begeben, die ihnen ein Stück Wegbegleitung und Entscheidungshilfe anzubieten versuchen. Heilung kann nur von innen gelingen und darf nie allein von außen kommen, sonst bliebe es reine maschinelle „Reparaturmedizin".

Vierter Schritt: Zugehörigkeit
Die ideale Arbeitsvoraussetzung aller therapeutischen Hilfestellung besteht zuallererst in einem „pragmatischen Individualismus", der davon ausgeht, dass es sich lohnt, einem einzelnen Menschen über lange Zeit hin Aufmerksamkeit zu schenken und ihm dabei zu helfen, sein Lebensziel präziser zu formulieren, ja es vielleicht überhaupt zum ersten Mal bewusst in den Blick zu nehmen. Denn das bedeutet ja Krankheit zuallererst auch: eine narzisstische Kränkung, dass mit einem Schlag nichts mehr so ist, wie es bisher immer war. Das irritiert zunächst zutiefst. Auf der anderen Seite dieser Irritation eröffnen sich aber neue Möglichkeiten. Die Neurobiologen versichern uns, dass in jedem von uns bisher lediglich eine Kümmerversion dessen, was in uns als Potenzial angelegt ist, sichtbar nach außen treten könnte.
Dort, wo die Majestät der Krankheit als die kleine Schwester des Todes auf die Lebensbühne tritt, eröffnet sich ein neuer Blick auf den Lebenshafen eines Menschen. Bisher mag er vielleicht wie „der Wilde mit seiner Maschin" unterwegs gewesen sein, frei nach Helmut Qualtingers Devise: „Ich weiß zwar nicht, wohin ich will, dafür aber bin ich schneller dort." Plötzlich steht diese Maschine still, stottert, zieht nicht mehr! Jetzt ist Anhalten, Absteigen, Nachschauen angesagt. Ich mag in diesem Zusammenhang das

Wort „Innehalten", weil es den not-wendenden Perspektiven-
wechsel andeutet: Der Blick richtet sich nicht mehr „zielgierig"
getrieben nach vorne, sondern nach „innen". Damit ist mit einem
Schlag nicht mehr relevant, wohin ein kranker Mensch will, auch
nicht, was andere von ihm erwarten, sondern einzig und allein
die Frage, was mit ihm los ist, wie es ihm jetzt, wo nichts mehr
geht, geht, was in ihm vor sich geht, was das alles hier und jetzt
für ihn zu bedeuten hat. Die Antwort auf diese Fragen ist nicht
delegierbar.

Das diesen so „verunfallten" Menschen betreuende Team aber
handelt aus der Überzeugung, dass es auf der Welt nichts Wichti-
geres zu tun gäbe, als diesem Menschen Raum zu geben, damit er
(endlich) der sein kann, der er ist. Der Prozess der Heilung ist – so
verstanden – die Kunst, dem inneren Potenzial eines Menschen
neue Möglichkeiten der Entfaltung anzubieten, ohne dabei wissen
zu können, wie sich der Verlauf der Krankheit entwickelt und ob
es sich überhaupt lohnt. Keine Garantie, nur das bedingungslose
Vertrauen in die Kraft der Begegnung und des Verstehens steht
am Anfang dieses therapeutischen Weges. Dadurch wird der Ort
solcher Behandlung zur Asylstätte für das menschliche Leid, die
Menschen, die dort arbeiten, zu Vertrauten, im Idealfall zu „Wahl-
verwandten".

Fünfter Schritt: Empathie und Abstinenz
Heilungsprozesse sind Begegnungsprozesse. Eine zentrale Voraussetzung dafür ist „sokratischer Optimismus". Damit meine ich,
dass jeder Heilungsprozess erst dann gelingen kann, wenn er zum
innersten Kern eines Menschen vordringt, seine ganz persönliche
Wahrheit berührt. Mein therapeutisches Credo lebt aus der Überzeugung, dass es in einem ruhig verlaufenden Gespräch möglich
ist, diesen innersten Kern eines Menschen zu berühren. Im Umgang mit seinen Schülern war Sokrates davon überzeugt, dass sich
die Wahrheit aus einem Menschen herausarbeiten lasse, dass sie in
ihm sei, dass sie ihm nicht von außen „hineingesagt" werden müsse, dass er Hebammendienste leisten könne bei einem Erkennt-

nisprozess, der einer Neugeburt gleiche. Voraussetzung dafür allerdings ist diese „sokratische Demut", die weiß, dass sie nichts weiß und darunter leidet, dass manche nicht einmal das wissen. In einer solchen Grundhaltung sieht der Weise aus Athen die Grundvoraussetzung jedes Heilungs- und Gesundungsvorgangs.

Menschen in helfenden Berufen müssen deshalb in erster Linie „Mensch" sein, das heißt, sich in allen Lebenslagen als Menschen erweisen und bewähren. „Empathie" bedeutet dann die Fähigkeit, „mit den Augen eines anderen zu sehen und mit dem Herzen eines anderen zu fühlen" (Alfred Adler).

Dabei braucht es eine ausgewogene Balance von Nähe und Distanz. Diese Balance bildet in jeder Art der Kommunikation, aber vor allem in den „helfenden Berufen" die wesentliche Voraussetzung für effektive Hilfestellung. Man muss dem Patienten gegenüber offen, echt und natürlich und gleichzeitig distanziert und neutral sein. Der/die Helfende wendet sich dem Patienten emotional und in exklusiver Weise zu. Er/sie wird dadurch zur begehrten Person, welche die unbewussten Wünsche, Fantasien und Konflikte des Patienten auf sich zieht. Gleichzeitig bleibt er/sie Helfende/r und nur Helfende/r und wahrt den Übertragungskonflikten gegenüber Distanz und Neutralität. Beide Beziehungsaspekte – Zuwendung und Versagung – sind notwendig, um die Übertragungskonflikte in dieser Situation zu halten und durchzuarbeiten.

Sechster Schritt: heilendes Wort

Für die Begleitung eines Menschen in seinem Heilungsprozess kann das Wort als Instrument, als Brücke zueinander, nicht hoch genug eingeschätzt werden. Was uns dabei zuallererst berührt, ist nicht so sehr der sachlich-fachlich motivierte, sondern der Klang hinter den Worten und zwischen den Zeilen. Als Menschen sind wir Resonanzwesen. Wir sind, mit etwas Übung, auch in der Lage, zu hören, was ein Mensch uns im Moment noch nicht zu sagen wagt. Der Arzt erscheint hier nicht selten als kleiner „Konfusius": Seine Sprache verwirrt. Ein negativer Befund ist positiv und ein positiver negativ. Je weniger gesichertes Wissen, desto beeindruckender die Sprache am Krankenbett. Dem stelle ich gern das schöne Wort des großen Konfuzius (551–479 v. Chr.) entgegen:

Wenn die Worte nicht stimmen, dann ist das Gesagte nicht das Gemeinte. Wenn das, was gesagt wird, nicht stimmt, dann stimmen die Werke nicht. Gedeihen die Werke nicht, so verderben Sitten und Künste. Darum achte man darauf, dass die Worte stimmen. Das ist das Wichtigste von allem.

Gedacht ist allerdings noch nicht gesagt, gesagt noch nicht gehört, gehört noch nicht verstanden, verstanden muss noch lange nicht bedeuten, dass der andere damit „einverstanden" ist. Der komplexe und lange Weg vom gedachten Gedanken bis hin zum Einverständnis kennt viele Stolpersteine, weil unsere Sprache als Brücke zum Du gleichzeitig immer auch zur Quelle der Missverständnisse werden kann. Ein Mensch in helfenden Berufen muss darum wissen und auch immer wieder damit rechnen. Der Individualpsychologe Alfred Adler geht davon aus, dass ärztliches Handeln in „sozialer Gleichwertigkeit" begründet ist. Der Arzt und der Patient/die Patientin treffen dabei die Vereinbarung, miteinander in einer Atmosphäre, die von gegenseitigem Respekt und Kooperation geprägt ist, als Gleichwertige miteinander zu arbeiten.
Auch die Bedeutung einer humorvollen, heiteren Gemütsverfassung als Ausdruck seelischer Gesundheit ist von Adler immer wieder herausgestellt worden. Diese ist für ihn wichtige Kennzeichen psychischer Gesundheit. Den guten Menschen, sagt Adler, spürt man nicht nur in seinen Handlungen, in der Art, wie er sich uns nähert, mit uns spricht, auf unsere Interessen eingeht, sondern auch in seinem ganzen äußeren Wesen, in seiner Miene und Gebärde, in freudigen Affekten und in seinem Lachen.[47] Humor ist die Kunst, die Welt und das eigene Leben auch aus anderer Perspektive anzuschauen. In meiner Praxis halte ich für schwierige Gesprächssituationen einen „Glückswürfel" bereit, ein Kunstwerk des Konzeptkünstlers Timm Ulrichs, das auf allen sechs Würfelseiten sechs Punkte zeigt. Diesen Würfel schenke ich seit Jahren

denen, die mir in besonders aussichtslos scheinenden Situationen ihr Vertrauen schenken. Und ich habe es noch nie erlebt, dass mein kleines Geschenk meinem Gegenüber nicht ein spontanes Lächeln hätte entlocken können.

50

Acht Wege für Leib und Seele, Herz und Hirn

2010 erschien die deutsche Erstausgabe eines Buches mit dem
Titel „Der Fingerabdruck Gottes. Wie religiöse und spirituelle Erfahrungen unser Gehirn verändern".[48] Über die dort vorgestellte
Frage, wer sich für Gott interessiert, und darüber, ob er überhaupt
existiert, kann man Streitgespräche führen. Nicht aber über die
Frage, welch heilsame Wirkungen religiöse und spirituelle Erfahrungen auf Geist und Psyche haben können. Die Autoren, die zwei
führenden Neurowissenschaftler Andrew Newberg und Mark Robert Waldman, decken auf fesselnde und leicht verständliche Art
und Weise eine Fülle von Zusammenhängen zwischen Mystik und
Gehirn auf. Vor allem aber geben sie ihren Lesern einen Leitfaden
in die Hand, um diese Erkenntnisse praktisch umzusetzen und ihr
körperliches und emotionales Wohlbefinden zu steigern.
Die Methoden schöpfen aus einer Vielfalt östlicher und westli-
cher spiritueller Praktiken und sind für jeden ohne großen Zeit-
aufwand zu erlernen und anzuwenden. Aus dieser Fülle möchte
ich im Folgenden acht Wege für Leib und Seele, Herz und Hirn
herausnehmen und sie hier vorstellen, weil ich im Laufe der Jahre
und durch wiederholte Praxis einen verblüffend einfachen Weg
bestätigen kann, Lebensqualität und innere Balance nachhaltig
am eigenen Leib zu erfahren. Dabei ist es nicht erforderlich, an
Gott zu glauben. Das liegt unter anderem daran, dass Spiritualität oftmals im Sinne von persönlichen Wertschätzungen und
als Suche nach Bedeutung und Wahrheit definiert wird, weswe-
gen spirituelle Praktiken viele verschiedene Formen annehmen
können.

LÄCHELN: Die achtbeste Trainingsmethode
Lächeln stimmt auch dann heiter, wenn es nichts zum Lachen gibt. Selbst wenn uns nicht danach ist, können durch wiederholtes Lächeln Gemütsstörungen unterbrochen und die neuronalen Fähigkeiten des Gehirns zur Aufrechterhaltung einer positiven Lebenseinstellung gestärkt werden.

Lächeln belebt die Neuralkreisläufe und fördert den zwischenmenschlichen Umgang. Ein Lächeln hat sogar eine so mächtige Wirkung auf das menschliche Gehirn, dass sich ein Mensch allein beim Anblick eines fotografierten Lächelns automatisch glücklicher und sicherer fühlt. Das hängt mit den menschlichen „Spiegelneuronen" zusammen und in deren Folge damit, dass ein Mensch Sehnsucht hat nach seinesgleichen, nichts auf der Welt mehr sucht als einen Menschen, der sich ihm gegenüber als Mensch erweist. Umgekehrt verursacht das Stirnrunzeln oder auch der Anblick einer Person mit griesgrämigem Gesicht automatisch negative Gefühle, Zorn, Wut, Abscheu und Abneigung. Es gibt viele Hinweise darauf, dass ein Mensch durch Lachen seinen Stresspegel reduzieren und sein Immunsystem stärken kann und dass er durch Lachen sogar zahlreiche Gene aktivieren kann, die ihm dabei helfen, Krebs und Diabetes zu bekämpfen. Und: Lieblingsmusik weckt im Menschen ein Lächeln und hebt die Stimmung.

GEISTIG FIT BLEIBEN: Die siebtbeste Trainingsmethode
Das menschliche Gehirn funktioniert nach dem Gesetz „use it or lose it", „gebrauch es oder verlier es". Das, was nicht gebraucht wird, wird abgebaut und zurückgebildet. Geistige und kognitive Stimulation stärkt die neuronalen Verbindungen des gesamten Frontallappens und verbessert so die Fähigkeit zu kommunizieren, Probleme zu lösen und rationale Entscheidungen zu treffen. Nahezu jede altersbedingte kognitive Behinderung ist auf mangelnde Funktionsfähigkeit des Frontallappens zurückzuführen. Weil dieser über mehr neuronale Verbindungen verfügt als die anderen Hirnlappen, ist es besonders wichtig, speziell diesen Teil der Großhirnrinde zu trainieren. Gedächtnisübungen und Merk-

hilfen, Strategiespiele wie Schach sowie andere visuelle und räumliche Übungen und Spiele können die kognitiven Funktionen besonders bei älteren Menschen deutlich verbessern. Mit Freude ausgeführt, mindern solche Spiele auch die menschliche Neigung, auf unerwartete Situationen mit Wut und Angst zu reagieren.

BEWUSST ENTSPANNEN: Die sechstbeste Trainingsmethode
Dabei handelt es sich nicht um faules Liegen vor dem Fernseher, sondern um ein bewusstes eigenes Durchgehen oder „Scannen" eines jeden Körperteils, um so alle Muskeln zu lockern und die körperlichen Ermüdungserscheinungen zu lockern. Die Begleitung durch angenehme Musik erhöht die Wirkung. Das einfache Wiederholen von wohltuenden und bedeutsamen Aktivitäten kann einen tiefen Entspannungszustand erzeugen. Möglichkeiten dazu gibt es genug, je nach persönlicher Erfahrung und Präferenz reicht das Spektrum vom rituellen Rosenkranzbeten bis zum Stricken. Wichtig dabei ist, dass der Geist sich entspannen und das Gehirn sich regenerieren kann.

GÄHNEN: Die fünftbeste Trainingsmethode
Seit Jahrzehnten bereits zählt Gähnen in der Sprachtherapie als höchst wirksames Mittel zur Reduzierung von Leistungsangst und Bluthochdruck im Bereich der Halsschlagader. Newberg und Waldman gehen in ihrem Buch sogar so weit, vorzuschlagen, Gähnen in Sportübungen und Programmen zur Stressminderung, in kognitive und gedächtnisfördernde Übungen, in die Psychotherapie und in besinnliche spirituelle Praktiken aufzunehmen. Weiters vermuten sie, dass Gähnen dabei helfen kann, Selbstbewusstsein und Mitgefühl genauso zu fördern wie das Vermögen, mit anderen effektiv zu kommunizieren.
Alles in allem gilt: Gähnen wirkt entspannend und bringt einen Menschen schneller als alle anderen Meditationstechniken in einen Zustand der Wachsamkeit und Konzentration. Ich persönlich habe es mir deshalb zur Gewohnheit gemacht, nach einer längeren Autofahrt kurz vor einem Vortrag oder sonstigem Auftritt vor

Publikum außerhalb des Seminarraums unbeobachtet und allein ein paar Schritte zu gehen und dabei 30 bis 50 Mal „aus ganzem Herzen" zu gähnen. Das bedarf zunächst einer gewissen Übung, wird dann aber zu einer Erfrischungskur, auf die ich nicht mehr verzichten kann.

MEDITIEREN: Die viertbeste Trainingsmethode
Bei einem Menschen, dem es vor allem darum geht, spirituelle Erfahrungen zu intensivieren, wird Meditation wohl an erster Stelle stehen. 20 bis 60 Minuten in einem kontemplativen Zustand lassen Erfahrungen realer erscheinen und wirken sich aufs Nervensystem auf eine Weise aus, die sowohl den physischen als auch den emotionalen Gesundheitszustand verbessern. Antistresshormone und biochemische Botenstoffe werden im ganzen Körper ausgeschüttet, dazu luststeigernde und depressionshemmende Neurotransmitter wie Dopamin und Serotonin. Selbst eine zehn- bis 15-minütige Meditation scheint äußerst positive Auswirkungen auf das Gedächtnis, die Entspannung und auf die geistige Gesundheit zu haben und reduziert nachweislich das Verlangen nach Nikotin und übermäßigem Alkoholkonsum.

AEROBIC: Die drittbeste Trainingsmethode
Intensive Leibesübungen stärken alle Gehirnregionen und damit den gesamten Organismus. Sport wirkt für alle Menschen positiv, weil mit jedem Schritt auch das Gehirn intensiv trainiert wird und es auf allen Ebenen zur Vorsorge animiert. Im Allgemeinen gilt: Je mehr, desto besser! Es bleibt allerdings herauszufinden, was für den Einzelnen besonders gut geeignet ist. Generell kann gesagt werden: Laufen ist günstiger als Gehen, Gehen besser als Dehnübungen allein.

GESPRÄCHE MIT ANDEREN: Die zweitbeste Trainingsmethode
Die Sprache und das menschliche Gehirn haben sich zusammen weiterentwickelt. Wenn wir unser Sprachvermögen nicht trainie-

ren, führt dies dazu, dass große Teile des Gehirns nicht wirksam mit anderen neuronalen Strukturen verbunden sind. Ein Gespräch fordert und fördert soziale Interaktion. Je mehr soziale Verbindungen wir haben, desto weniger lassen unsere kognitiven Fähigkeiten nach. In Wirklichkeit schadet jede Form der gesellschaftlichen Isolation wichtigen Mechanismen im Gehirn und führt zu Aggressionen, Depressionen und zahlreichen neuropsychiatrischen Erkrankungen. Ohne Gespräche könnten wir nicht mit anderen zusammenarbeiten und ohne Zusammenarbeit würden menschliche Verhaltensweisen zu reinen Konfliktfeldern werden. Mit etwas Glück und gutem Willen auf beiden Seiten ist es möglich, in weniger als 15 Minuten zwischen zwei Menschen eine tiefe Vertrautheit entstehen zu lassen. Einen unerwartet stimmigen Hinweis darauf, wie gut so etwas funktionieren kann, erfahre ich nach einem Vortrag in Klagenfurt zum Thema „Die Kunst des Alterns" im April 2016: Dort spricht mich Dagmar Schmidt an, jetzt 73 Jahre alt, und erzählt mir, dass sie im Jahre 2006 in ärztlicher Behandlung im Krankenhaus der Elisabethinen in Klagenfurt mit meiner Mutter dasselbe Zimmer geteilt habe. Die beiden Frauen kommen miteinander ins Gespräch, verstehen sich so gut, dass beide beginnen, der jeweils anderen, wie wir im Deutschen so anschaulich sagen, „das Herz auszuschütten". Dieses Begegnungserlebnis hatte damals Dagmar so sehr beflügelt, dass sie in der Folge die Hospizausbildung macht und jetzt als Seniorengedächtnistrainerin arbeitet.

GLAUBE: Die beste Trainingsmethode

„Glauben heißt, nichts wissen", sagt der Volksmund. Hier aber, bei der besten Trainingsmethode für unser Gehirn, ist nicht diese Art von Glauben gemeint, keine Art „höherer Ahnungslosigkeit" oder „blauäugiger Gutgläubigkeit", sondern ein Glaube, der aus dem Vertrauen lebt. Wir können unser Weltbild zwar auf gewisse Kenntnisse stützen, aber es wird immer ein Maß an Ungewissheit bleiben. Das gilt für die Naturwissenschaft wie für die Geisteswissenschaften und genauso für den religiös motivierten Glauben.

Trotzdem müssen wir unseren Überzeugungen glauben können, ihnen vertrauen. Gleichzeitig bleibt es beunruhigend, dass wir uns keiner Sache hundertprozentig sicher sein können. Um spirituelles Interesse entwickeln zu können, brauchen wir Realismus, Hoffnung, Optimismus, Zuversicht. Unter „Glaube" wird hier also die Fähigkeit verstanden, unseren Überzeugungen zu vertrauen, auch wenn es keinerlei Beweis für deren Richtigkeit gibt.

Darüber miteinander ins Gespräch zu kommen und darüber im Gespräch zu bleiben, ist ein Jungbrunnen der besonderen Art, der immer neue Fragen aufwirft, dabei aber keine fertigen Antworten liefert, sondern die beste Antwort in präziser gestellten neuen Fragen findet. Ein Programm von lebenslanger Aktualität, das uns nicht nur im Gehirn, sondern auch im Herzen jung und gesund erhält.[49]

Gönne dich dir selbst

In den kleinen und großen Gemeinschaften unserer Gesellschaft geht es im Grunde vor allem um zwei Dinge. Jeder Mensch will irgendwo dazugehören. Und dort, wo sich dieser Mensch dazugehörig fühlt, will er zeigen können, was er kann. Er will in Gemeinschaft mit anderen wachsen. Damit das gelingen kann, braucht es Orientierung und Einordnung in das Ganze. Gelingt dies nicht, ist es wie bei Krebszellen: Diese wachsen zum Teil viel besser und schneller als normale Zellen, aber scheren aus dem Gesamtkontext des Organismus aus, verlieren ihre Orientierung und führen ein Eigenleben. Dies führt auf Dauer zum Tod des Organismus. Ganz in diesem Sinne dreht Peter Handke in einem seiner Bücher den biblischen Satz „Was nützt es einem Menschen, wenn er die ganze Welt gewinnt, an seiner Seele aber Schaden leidet" (Mk 8,34 und Lk 9,25) um und fragt: „Was nützt es dem Menschen, wenn er an der Seele gewinnt, an der Welt aber Schaden leidet?"[50]
Es gibt demnach eine Art der Beschäftigung mit der Seele, die uns die Welt vergessen lässt; und es gibt eine Art der Beschäftigung mit der Welt, die uns die Seele vergessen lässt. Beides in Einseitigkeit führt zu einer verstümmelten Weltsicht und zu einem verkümmerten Menschsein. Die griechische Antike bezeichnet den Menschen als „zoon politikon", als „Gemeinschaftswesen", der losgelöst von anderen Menschen – nur auf sich selbst gestellt – nicht lebensfähig ist. Denjenigen aber, der trotzdem nicht bereit ist, sein Haus „innerhalb der Stadtmauern" zu bauen, sondern sich als „Privatmann" absondert und draußen auf freiem Feld unabhängig von den anderen wohnt, nennen die alten Griechen einen „idiotes", einen „Abgespaltenen", der sich „absondert" und so für die Gemeinschaft ungenießbar wird …

Wenn ich meiner Großmutter glauben darf – und daran habe ich eigentlich nie gezweifelt – war mein Großvater mütterlicherseits als Gastwirt, Landwirt, Vizebürgermeister, ein Hansdampf in allen Gassen, aufs Erste gesehen für viele Menschen da, „everybody's darling" sozusagen. Daheim allerdings war ihm die Überforderung – auch für mich als sein erstes Enkelkind – gut anzumerken. Leicht gereizt und müde wurde er schnell laut und schusselig. Meine Oma hat oft darunter gestöhnt und ihn einen „Straßenengel und Hausteufel" genannt. Bernhard von Clairvaux (1090–1153), der Gründer des Zisterzienserordens und eine der machtvollsten und bedeutendsten Persönlichkeiten des 12. Jahrhunderts, schrieb an seinen früheren Schüler Papst Eugen III. (1145–1153), der ihm zuvor in Briefen das aufopfernde Leben eines Papstes geschildert hatte, Folgendes:

> *„Wenn Du Dein ganzes Leben und Erleben völlig ins Tätigsein verlegst und keinen Raum mehr für die Besinnung vorsiehst, soll ich Dich da loben? Darin lobe ich Dich nicht. (…) Wenn Du ganz und gar für alle da sein willst (…), lobe ich Deine Menschlichkeit – aber nur, wenn sie voll und echt ist. Wie kannst Du aber voll und echt Mensch sein, wenn Du Dich selbst verloren hast? (…) Denn was würde es Dir sonst nützen, wenn Du … alle gewinnen, aber als einzigen Dich selbst verlieren würdest? Wenn also alle Menschen ein Recht auf Dich haben, dann sei auch Du selbst ein Mensch, der ein Recht auf sich selbst hat. Warum solltest einzig Du selbst nichts von Dir haben? Wie lange noch schenkst Du allen andern Deine Aufmerksamkeit, nur nicht Dir selber? (…) Bist Du Dir etwa selbst ein Fremder? Und bist Du nicht jedem fremd, wenn Du Dir selber fremd bist? Ja, wer mit sich selbst schlecht umgeht, wie kann der gut sein? Denke also daran: Gönne Dich Dir selbst. Ich sage nicht: Tu das immer, ich sage nicht, tu das oft, aber ich sage: Tu es immer wieder einmal. Sei wie für alle anderen auch für Dich selbst da oder jedenfalls, sei es nach allen anderen."*[51]

Bernhards Worte klingen so aktuell, als wären sie für heute als Rezept gegen das „Burn-out-Syndrom" geschrieben.

52

Das Pinguin-Prinzip

Der deutsche Moderator, Mediziner, Zauberkünstler, Kabarettist und Schriftsteller Eckart von Hirschhausen erzählt seine wahre Geschichte, wie er „das Pinguin-Prinzip" entdeckte:
Er sei als Entertainer auf einem Kreuzfahrtschiff in Norwegen gelandet und dort in den Zoo gegangen, habe dort einen Pinguin auf einem Felsen stehen sehen, ihn beobachtet und sich gedacht: „Was für ein armes Würstchen, dieser Pinguin! So kleine Flügel, eine untersetzte Statur und irgendwie scheint da der liebe Gott auch noch die Knie vergessen zu haben. Fehlkonstruktion!" Da sei der Pinguin vor seinen Augen ins Wasser gesprungen und geschwommen. Da habe er gestaunt, wie schnell ein Pinguin schwimmen kann, und er habe nachgeforscht und wäre draufgekommen, dass Pinguine so hervorragende Schwimmer sind, dass sie mit der Energie aus einem Liter Benzin 2000 Kilometer weit schwimmen könnten. Das ist besser als alles, was Menschen jemals gebaut haben![52]
Diese Pinguin-Geschichte erinnert mich an zwei Dinge: Wie schnell ich Urteile fälle! Wie schnell ich gerade dann komplett danebenliege, wenn ich Menschen oder auch mich selbst nur in einer konkreten Situation erlebe und mir daraus Rückschlüsse für ihr oder mein restliches Leben erlaube. Und wie wichtig die Umgebung ist, in der ich mich befinde. Denn das Umfeld ist es, das darüber mitentscheidet, ob meine Fähigkeiten überhaupt in Erscheinung treten können.
Menschen ändern sich nämlich nicht komplett und grundsätzlich. Wer als Pinguin geboren wurde, wird auch nach sieben Jahren Psychotherapie keine Giraffe werden. Und ein guter Therapeut wird mit ihm auch nicht lange darüber reden wollen, warum er keinen so langen Hals hat wie eine Giraffe und was das mit seiner Kind-

heit zu tun hat etc. … Ein guter Therapeut wird fragen: Wer bist du? Was kannst du? Was willst du? Was sind deine Stärken? Was kannst du tun, um deine Stärken zu stärken? Denn: Stärken zu stärken ist sinnvoller als an seinen Schwächen herumzudoktern! Und wenn jemand denkt, er müsste so sein wie die anderen, dann gibt es für ihn einen kleinen Trost: Andere gibt es schon genug!

Weil ich dort, wo ich bin, nach nichts so sehr Sehnsucht habe, wie danach, dazuzugehören, besteht mein Problem auch darin, dass ich bei dem, was ich tue, nicht auf das blicke, was ich kann, was also als Beitrag zum großen Ganzen unverwechselbar das Meine wäre, sondern auf das, was die anderen können und ich dann glaube, es ihnen nachmachen zu müssen.

Alles, was von mir gefordert ist, besteht aber darin, mit mir und meinem Innersten in Kontakt zu sein und es zu bleiben, mich zu kennen und zu schauen, ob ich für mich und meine Möglichkeiten in einer guten Umgebung bin. Und wenn ich mich als Pinguin in der Wüste aufhalte, muss ich schauen, dass ich möglichst bald dorthin gelange, wo Wasser ist, und dann muss ich springen, um zu schwimmen, und dann weiß ich, wie sich das anfühlt, in meinem Element zu sein.

Alle erfolgreichen Menschen haben eines gemeinsam: Sie kennen ihre Stärken, nutzen sie und sorgen damit für Erlebnisse, die unter die Haut gehen. Wer so in seinem Element ist und in seinem Element bleibt, hat keinen Grund, sich vor Konkurrenz zu fürchten, er wird andere und das, was sie können, als Bereicherung in der bunten Landschaft des Lebens betrachten und mit ihnen gemeinsam dafür sorgen, dass diese Landschaft lebendig bleibt und dass derjenige, der dort Erholung sucht, seine Seele wiederfinden kann. Das ist die wunderbare Aufgabe, die Menschen – wo immer sie auch sind – füreinander leisten könnten. Es braucht dafür „lediglich" die Klugheit des Herzens, anstatt an Schwächen herumzudoktern, die Stärken zu stärken und danach zu trachten, im richtigen Element zu sein. Wie die einsame, wasserlose Wüste keine Umgebung für einen Pinguin werden kann, so ist auch der einsame Karrieregipfel eines Menschen kein lebbarer Dauerzustand.

Wein aus Fingerhüten?

Der Held im Roman „Pelham" von Edward Bulwer-Lytton trägt immer ein besonders kleines Essbesteck bei sich. Wenn er irgendwo eingeladen ist oder in einem Restaurant speist, kann er damit langsamer essen. Das Tempo der Nahrungsaufnahme mit normalen Löffeln und Gabeln würde seine Genussfähigkeit mindern. Sollen wir also den Wein aus Fingerhüten trinken? Oder sollen wir ihn überhaupt meiden und uns aufs Wasser beschränken?

Gehört der Genuss nicht zum Menschen? Religionsgründer und Philosophen haben diese Frage oft verneint und uns die Enthaltsamkeit nahegelegt, nicht selten mit dem pädagogischen Hinweis, dass das Vermeiden des Genusses auch die Vermeidung seiner Nebenwirkungen bedeute. Den Genuss ohne Reue verspricht uns die Werbung. Dass sie oft lügt, bedeutet nicht, dass sie immer lügt. Vielleicht gibt es diesen Genuss wirklich. Insgeheim glaubt das ein jeder, das genaue Rezept allerdings kennt keiner. Der römische Senator und Satiriker Titus Petronius Arbiter schildert im „Gastmahl des Trimalchio" ein monströses Gelage, dessen Teilnehmer sich in Abständen zum Erbrechen bringen, damit ihr Magen die Fülle der gastronomischen Genüsse aufnehmen kann. Wann wird aus Genuss Exzess? Liegt der vollendete Genuss in der angeregten Stimmung, in der Beschwipstheit oder in der Trunkenheit? Ein generelles Gebot des Maßhaltens hilft nicht wirklich weiter, weil für die Frage, wo das Maß liegt, keine Regel gilt, sondern immer nur die Erfahrung des Augenblicks: Vorher weiß man es nie, danach immer! Ferdinand Raimund lässt seinen Alpenkönig zum Menschenfeind sagen: „Du begehst die größte Sünde, du kennst dich selber nicht!"

Vielleicht ist das die wesentliche Voraussetzung, um wirklich genießen zu können. Wer sich selbst nicht kennt und um seine Bedürfnisse und Sehnsüchte nicht weiß, kann auch nicht wissen, was ihm guttut und was ihm schadet.

54

Rosen

Am Wannsee habe ich Rosen gepflückt
und ich weiß nicht, wem ich sie schenken könnte.

Bei einem meiner Besuche in Berlin zeigt mir Norbert Trawöger
diese Inschrift in den Hackeschen Höfen, die an Jakob van Hoddis
erinnert. Jakob van Hoddis, sein Geburtsname lautete Hans Da-
vidsohn, wurde am 1887 in Berlin geboren und 1942 im Konzentrationslager Sobibór von den Nationalsozialisten ermordet.
Bereits als Gymnasiast schreibt er erste Gedichte, 1907 bricht er
sein Studium an der Technischen Hochschule Charlottenburg
ab und wechselt an die Universität Jena, um Klassische Philolo-
gie zu studieren. Später geht er an die Friedrich-Wilhelms-Uni-
versität Berlin und wird Mitglied der „Freien Wissenschaftlichen
Vereinigung". Gemeinsam mit Erwin Loewenson (alias Golo
Gangi) gründet er 1909 in den Hackeschen Höfen den „Neuen
Club". Sein 1911 in der Zeitschrift „Der Demokrat" erschienenes
Gedicht „Weltende" wird 1911 zur eigentlichen Basis des Früh-
expressionismus. Um 1911 macht sich erstmals eine beginnende
Psychose deutlicher bemerkbar, die sich in den folgenden Jahren
verschlechtert.
Nach Aufenthalten in Paris, München und Heidelberg kehrt Jakob van Hoddis völlig mittellos nach Berlin zurück. 1914 hält er
seinen letzten Vortrag im „Neuen Club"; ab 1915 ist er in ständi-
ger ärztlicher Behandlung und wird privat gepflegt. 1926 ist sein
Zustand bereits so bedenklich, dass er auf Antrag seiner Mutter
entmündigt wird und sein Onkel Hermann Kempner die Vor-
mundschaft für ihn übernimmt. 1933, nach der nationalsozialisti-

schen Machtergreifung, emigriert van Hoddis' Mutter mit seinen Schwestern nach Palästina. Er bleibt allein in Deutschland zurück und wird im September in die „Israelitischen Heil- und Pflegeanstalten" Bendorf-Sayn bei Koblenz verlegt. Am 30. April 1942 wird er von dort in den Distrikt Lublin nach Polen deportiert und höchstwahrscheinlich im Vernichtungslager Sobibór im Mai oder Juni desselben Jahres ermordet.

In der Rosenthaler Straße 40/41 in Berlin-Mitte, im Durchgang zu den Hackeschen Höfen, erinnert seit 1994 die anfangs erwähnte Gedenktafel an ihn. Was von ihm aber darüber hinaus bleibt, ist sein Gedicht „Weltende", welches das Gefühl der nahenden Apokalypse expressionistisch in Worte fasst.

Dem Bürger fliegt vom spitzen Kopf der Hut,
in allen Lüften hallt es wie Geschrei.
Dachdecker stürzen ab und gehn entzwei
Und an den Küsten – liest man – steigt die Flut.

Der Sturm ist da, die wilden Meere hupfen
an Land, um dicke Dämme zu zerdrücken.
Die meisten Menschen haben einen Schnupfen.
Die Eisenbahnen fallen von den Brücken.

Seine Lyrik wird von den zeitgenössischen Literaturkritikern und Intellektuellen hoch geschätzt. „Weltende" wird zu einem Kultgedicht, zu einem neuen politischen Mittel. Sein Werk ist geprägt durch dadaistische Elemente und die intensive Verwendung lyrischer Chiffrenhaftigkeit. Die Inhalte sind oft skurril-grotesk; schwarzhumorige Formulierungen wechseln sich ab mit scheinbar naiven Betrachtungen. Vor dem Vergessen bewahrt wird Jakob van Hoddis zunächst durch ein Hörspiel über sein Leben, das Karl Bruckmaier 2002 für den Bayerischen Rundfunk schreibt und inszeniert. Im Herbst 2017 erscheint im Wallstein Verlag eine Ausgabe seiner „Dichtungen und Briefe", herausgegeben und kommentiert von Regina Nörtemann. Mir persönlich bleibt, seit ich in Berlin zum ersten Mal vor seiner Gedenktafel in den Hackeschen Höfen gestanden bin, Jakob van Hoddis ein Vertrauter, der damals am Wannsee seine Rosen auch für mich gepflückt hat.

55

Europa, was wird aus deiner Religion?

Im Internet kursieren Mutmaßungen, dass es infolge des ununter-
brochenen Flüchtlingsstromes vorwiegend aus islamischen Ländern das Europa, wie wir es kennen, in einigen Jahren so nicht
mehr geben werde. Was Menschen dabei in innere Alarmbereit-
schaft zu versetzen scheint, ist die Angst, dass uns über kurz oder
lang ein Religionskrieg bevorstünde. Und wer mit einer solchen
Angst in seinem Herzen dieser Tage dann rein zufällig noch im
2. Wiener Gemeindebezirk an der Außenmauer der katholischen
Pfarrkirche St. Nepomuk vorbeikommt und dort die aufgesprüh-
ten Worte liest „2000 Jahre Christentum sind genug!", mag sich in
seinen Ängsten erst recht bestätigt fühlen.
Wie wäre es, an die Stelle der Angst voreinander das Interesse aneinander zu schüren, die gegenseitige Einladung zu praktizieren,
den Fokus auf die Herzmitte der einzelnen Religionen und ihre
spirituelle Tradition zu legen. Wer das Verbindende sucht, braucht
deshalb das Trennende nicht zu verharmlosen, vor allem aber hilft
er niemandem damit, es so überzubetonen, dass daraus ein sogenannter „heiliger Krieg" entsteht. Pessimisten sagen nämlich, dass
dieser schon lange im Gange wäre, nur aufgrund der verharm-
losenden Blindheit der Europäer noch nicht wahrgehabt werden
will. Wer diesbezüglich Angst hat, mit dem sollten wir möglichst
auf allen Ebenen unserer Gesellschaft reden. Wer aber in diesem
Zusammenhang Angst macht, gegen den muss auf möglichst allen
Ebenen unserer Gesellschaft konsequent argumentiert werden. In
der Theorie zumindest hat die katholische Kirche bewiesen, dass
sie sich weltweit dafür mitverantwortlich fühlt, einer „universa-
len Geschwisterlichkeit" zum Durchbruch zu verhelfen. Das II.
Vatikanische Konzil spricht im Dekret „Nostra aetate" über das

Verhältnis der Kirche zu den nichtchristlichen Religionen „mit Hochachtung" in Artikel drei von den Muslimen, in Artikel vier von den Juden, um dann im Artikel fünf eine „universale Brüderlichkeit" einzumahnen:

> *„Wir können aber Gott, den Vater aller, nicht anrufen, wenn wir irgendwelchen Menschen, die ja nach dem Ebenbild Gottes geschaffen sind, die brüderliche Haltung verweigern. Das Verhalten des Menschen zu Gott dem Vater und sein Verhalten zu den Menschenbrüdern stehen in so engem Zusammenhang, dass die Schrift sagt: ‚Wer nicht liebt, kennt Gott nicht' (1 Joh 4,8). So wird also jeder Theorie oder Praxis das Fundament entzogen, die zwischen Mensch und Mensch, zwischen Volk und Volk bezüglich der Menschenwürde und der daraus fließenden Rechte einen Unterschied macht."*

Papst Johannes XXIII. skizzierte bereits vor dem von ihm einberufenen II. Vatikanischen Konzil in seinem Tagebuch die Vision einer Seelsorge, die nicht innerhalb der Kirchenmauern bleiben dürfe: „Mehr denn je, bestimmt mehr als in den letzten Jahrhunderten, sind wir heute darauf ausgerichtet, dem Menschen als solchem zu dienen, nicht bloß den Katholiken, darauf, in erster Linie und überall die Rechte der menschlichen Person und nicht nur diejenigen der katholischen Kirche zu verteidigen."[53]
Was Johannes XXIII. hier schreibt, ist ihm persönlich hoch anzurechnen. Im Blick auf die katholische Kirche und ihre gelebte Praxis allerdings muss in diesem Zusammenhang aber nach wie vor daran erinnert werden, dass der Vatikan bis zum heutigen Tag die UNO-Menschenrechtskonvention nicht unterzeichnet hat. Wenigstens das könnte man von einer Kirche erwarten, die in „Nostra aetate" so unmissverständlich großherzige Worte „universaler Brüderlichkeit" zu formulieren imstande war. Ein Wort von Asoka (304–232 v. Chr.), dem ersten König der indischen Dynastie der Maurya, dem Kernland des frühen Buddhismus, lautet: „Wer seiner eigenen Religionsgemeinschaft Ehre erweist und die Reli-

gionsgemeinschaften anderer verachtet, allein aus Anhänglichkeit gegen die eigene, mit der Absicht, den Glanz der eigenen Gemeinschaft zu erhöhen, der fügt in Wahrheit seiner eigenen Gemeinschaft schwersten Schaden zu."[54]

Europa, was wird aus deiner Religion? Im Blick nach vorne hat bereits zur Mitte des vorigen Jahrhunderts Karl Rahner gemeint, dass der Christ des kommenden Jahrtausends ein Mystiker sein wird, oder aber es wird ihn nicht mehr geben! Etwa zur gleichen Zeit hat Erich Fromm die Überzeugung ausgesprochen, dass die gesamte Religion überall in der Geschichte der Menschheit vor der Wahl steht, weiter autoritär bleiben zu wollen, oder es doch noch zu lernen versucht, humanitär zu werden.

56

Der die das Fremde in uns

In Peter Handkes Erzählung „Langsame Heimkehr" ruft Sorger, die Hauptfigur: „Ich möchte nicht zugrunde gehen. ... Ich will kein im Jammer Verschwindender, sondern ein mächtiger Klagekörper sein. Mein Ausruf ist: Ich brauche dich! Aber wen rede ich an? Ich muss zu Meinesgleichen! Aber wer ist Meinesgleichen? In welchem Land? In welcher Stadt?"[55]
Diese Sätze sind bald 40 Jahre alt, aber sie klingen zeitlos und hoch aktuell. Gerade jetzt, hier und heute! Zeit seines Lebens hat der Mensch nach nichts eine größere Sehnsucht als nach seinesgleichen. Und überall, wo er hinkommt, beschäftigt ihn diese Frage: Wer ist meinesgleichen? Wer hält zu mir? Ist da jemand?
Am 1. Dezember 2015 bin ich gemeinsam mit dem Schauspieler Harald Krassnitzer eingeladen, in Hainburg an der Donau vor 300 Teilnehmern der Region Römerland Carnuntum zum Thema „Der Fremde in mir" zu referieren und darüber mit dem niederösterreichischen Landeshauptmann zu diskutieren. Dabei erzählt uns Harald Krassnitzer eine wunderbare Begebenheit, die er im Sommer desselben Jahres im Burgenland erlebte. Die Flüchtlingswelle hat die österreichische Grenze erreicht. Johann Pingitzer, Baumeister in Zurndorf bei Nickelsdorf, ist nicht gerade das, was Zyniker als „Willkommensklatscher" bezeichnen würden. Plötzlich stehen drei Flüchtlinge vor ihm und bitten: „Water, please!" Zunächst wenig begeistert, holt er einen Krug Leitungswasser und drei Gläser. Als er zurückkommt, stehen 50 Leute vor ihm, darunter viele Kinder. Zu guter Letzt versorgt er gemeinsam mit seiner Frau und seinen Nachbarn Dutzende Flüchtlinge. Von dieser Geschichte erfährt Krassnitzer, setzt sich in sein Auto, besucht Herrn Pingitzer in Zurndorf und dankt ihm für sein Beispiel. Sichtlich

bewegt gesteht ihm Herr Pingitzer: „Es waren die Augen von hungrigen und durstigen Kindern, die mir das Herz geöffnet haben." Dieses Erlebnis kann ihm niemand mehr wegnehmen. Die Begegnung mit diesen Menschen hat seine Sichtweise verändert. Die Angst vor dem Fremden ist so alt wie die Menschheit. Warum das so ist? Weil die Angst als „Frühwarnsystem" zum Menschen gehört. Jedes Kind „fremdelt" zunächst, hat „Angst" vor dem Neuen. Dann aber wächst die Neugier und es „erkriecht" sich die Welt, erobert einen Raum nach dem anderen und erkundet in dieser Neugier Schublade um Schublade, stößt eine Tür nach der anderen auf. Später reden wir dann nicht nur vom „Erkriechen", sondern vom „Ergehen"; wollen wissen, wie es uns „ergangen" ist und was wir mit zunehmender Mobilität „erfahren" haben. Bei allem, was Menschen von anderen Menschen unterscheiden mag, zuallererst gibt es die wunderbare Erfahrung, dass Menschen überall auf dieser Welt „gleich ticken": Jeder Mensch braucht eine Umgebung, in der er sich geborgen weiß und daheim fühlt. Darüber hinaus braucht er Menschen, denen er zeigen kann, was er kann. Das sind die in jedem Menschen schon vor seiner Geburt angelegten Glückskoordinaten, ohne die es kein gelungenes Leben geben kann.

Gibt es Strategien für den Umgang mit der Angst? Ja! Mit denen, die Angst haben, müssen wir reden! Gegen die, die Angst machen, müssen wir klug argumentieren!

Die Bibel bietet zwei Antworten: Der erste Rat der Bibel lautet: „Fürchte dich nicht!" Über 300 Mal gibt die Bibel diesen Rat. Für unser Thema bedeutet das: Der andere Mensch ist in erster Linie meine Chance, nicht meine Gefahr! Für jeden meiner Freunde gilt, dass er mir einmal fremd war! Daraus folgt im Umkehrschluss: Jeder Fremde trägt die Möglichkeit in sich, mein Freund zu werden! Die Voraussetzung dafür liegt auch in meiner Bereitschaft zu einer unverwechselbaren Beziehungsgeschichte zweier Menschen!

Der zweite Rat der Bibel lautet: „Was du nicht willst, dass man dir tu, das füg auch keinem andern zu!", oder positiv formuliert: „Behandle deine Mitmenschen so, wie du von ihnen behandelt werden willst." (Tob 4,16; Mat 7,12; Luk 6,31) Nur diese „Goldene Regel" bräuchten sie sich zu merken, sagte der Wandersmann aus Nazareth, diese sollten sie sich ins Herz schreiben, denn darin gipfelt das ganze Gesetz und die Botschaft aller Propheten.

Wie weit darf/soll/kann diese Nächstenliebe gehen? Die Bibel ist hier radikal. Sie sagt: Die Grenze ist die grenzenlose Liebe. Und von dieser Liebe sagt sie: „Es gibt keine größere Liebe als die, dass einer sein Leben hingibt für seine Freunde!"

Durch gemeinsames Handeln steht so gesehen dem nüchternen Befund, dass das Boot voll ist, die Erkenntnis gegenüber, dass jeder Mensch fast überall Ausländer ist und Österreicher im Blick auf ihr Land stolz sagen dürfen: „Heimat bist du großer Flüchtlinge und wunderbarer Helfer!"

Das Leben ist zauberhaft

Im Jahre 2016 lerne ich zunächst im Internet und dann in Salzburg persönlich den Moderator, IDEE.alisten und Zauberkünstler Martin von Barabü kennen. Martin ist VIEL.fältig, WORT. GEWANDT, FINGER.FERTIG und IDEEN.REICH. Er zeigt mir sein Lebenspuzzle. Dieses eine Zauberkunststück will ich deshalb von ihm lernen, weil sich damit spielerisch auf den Punkt bringen lässt, worum es mir in meiner therapeutischen Praxis täglich geht: Menschen, die mir ihr Vertrauen schenken, zu ermutigen, Schwierigkeiten und Probleme in ihr Leben zu integrieren, daran zu wachsen und dabei aus dem Staunen nicht herauszukommen, welch unglaubliches Potenzial in jedem Menschen steckt.

Dabei ergeben sich „Hobelspäne", die darin bestehen, im eigenen Leben wieder Platz zu finden für Schönes, Positives, Wunderbares, für das der Homo sapiens ob seiner angetriebenen Wichtigkeit keinen Platz mehr zu haben scheint. Zeige ich bei Vorträgen und Seminaren dieses Lebenspuzzle, lächeln viele und werden neugierig, andere bleiben skeptisch, möchten den Trick unbedingt „durchschauen" und fragen mich mit einem etwas verächtlichen Blick, ob ich jetzt auf den Zauberer gekommen wäre? In ihrer Stimme liegt dabei ein Ton, als wollten sie statt Zauberer „Hund" sagen.

Aber: Es geht mir im Grunde nicht um die Zauberei, nicht um den Trick, der hinter aller Zauberei steckt, es geht bei allem, was Menschen füreinander tun können, um den Zauber, den das Leben selbst für uns alle bereithält, um den Schatz der ungezählten Möglichkeiten, den füreinander zu entdecken und zu heben der wohl dankbarste Liebesdienst bleibt, den Menschen leisten können. Der Hirnforscher Gerald Hüther nennt diesen Vorgang

„Kokreativität", die Erfahrung, dass Menschen gemeinsam mehr zu leisten imstande sind als getrennt voneinander. Also: Nicht ich bin ein Zauberer, sondern unser aller Leben ist zauberhaft! Und das Zauberhafte im Leben besteht darin, dass täglich in noch so schwierigen und aussichtslos scheinenden Situationen Wunder geschehen, Möglichkeiten sich auftun, von denen niemand gedacht hätte, dass das möglich wäre.

Der Text eines Kanons der Musikerin und Gesangslehrerin Eva Campbell-Haidl lautet: „I sing mit dir, weil i des wül, kana allan kummt zu so an Gfühl." Wie beim Singen, so im Leben: Miteinander geht es nicht nur besser, im Miteinander liegen weit mehr Möglichkeiten als im Einzelkämpferdasein. Freilich kennt auch das die Übertreibung: Wir kennen die Flucht in die Gemeinschaft genauso wie die Flucht aus ihr: Die einen gehen als „hilflose Helfer" durch die Welt, die sich auf der Flucht vor sich selbst ins Dasein für andere flüchten, die anderen ziehen sich zurück und wollen mit anderen Menschen möglichst nichts zu tun haben. Gesundes lebendiges Leben aber verliert sich nicht in die eine oder andere Richtung, die zauberhafte Kunst des Lebens besteht darin, für sich und mit anderen darum zu wissen, wann was erforderlich ist!

58

Tomorrow

Der französische Dokumentarfilm „Tomorrow" aus dem Jahr 2015 von Cyril Dion und Mélanie Laurent macht Lust, das eigene Leben zu überdenken und nicht einfach so weiterzuleben wie bisher.[56] Als die Schauspielerin Mélanie und der französische Aktivist Cyril Dion in der Zeitschrift „Nature" eine Studie lasen, die den wahrscheinlichen Zusammenbruch unserer Zivilisation in den nächsten vierzig Jahren voraussagte, wollten sie sich mit diesem Horrorszenario nicht abfinden. Sie sprachen mit Experten und besuchten weltweit Projekte und Initiativen, die alternative ökologische, wirtschaftliche und demokratische Ideen verfolgen. Was sie fanden, sind verblüffend einfache und gründliche Antworten auf die dringendsten Fragen unserer Zeit und die Gewissheit, dass es auch anders als befürchtet weitergehen könnte.

1,5 Milliarden Bauern benutzen heute weder Traktoren noch fossile Brennstoffe. Der Film dokumentiert den Besuch in zehn Ländern und beweist: Erst die Summe neuer Lösungsansätze zeichnet glaubwürdig und nachvollziehbar das Bild einer anderen Zukunft. Wenn immer mehr Bauern weder Traktoren noch fossile Brennstoffe benutzen würden und möglichst jeder die Prinzipien der Agrarökologie anwenden würde, ließe sich die Produktivität verdoppeln und mit Einsatz von Permakultur könnte sie sich verdrei- oder sogar vervierfachen. Da 70 Prozent unserer Nahrung bereits von Kleinbauern produziert werden, könnten in den nächsten zwanzig Jahren zehn bis 20 Milliarden Menschen ernährt werden, Millionen von urbanen Bauernhöfen geschaffen werden. Das würde Millionen Arbeitsplätze schaffen, Ökosysteme wiederbeleben, in denen CO_2 im Boden gespeichert wird, und den Bauern erlauben, mehr Geld zu verdienen und dazu noch gesundes Essen für alle zu produzieren. Das alles kann aber nur funktionieren, wenn wir den Konsum von Fleisch reduzieren.

Regierungen und Wissenschaftler sind sich einig, dass unser heutiges System in eine Sackgasse führen muss. Doch Alternativen entwickeln sich nur langsam. Warum? Weil die entscheidenden Berater der Regierungen Großkonzerne sind, deren wirtschaftlichen Interessen sich die Regierungen beugen. Das scheint zunächst einsichtig. Man kann einer Regierung nicht vorwerfen, dass sie Exportmärkte öffnen und/oder ihre eigene Industrie vor der anderer Länder schützen will. Das Problem dabei aber ist, dass es allen demokratischen Anforderungen zuwiderläuft. Welche Unternehmen könnten verhindern, dass sich landwirtschaftliche Methoden verändern? Natürlich die, die am meisten vom gegenwärtigen System profitieren: Von den sechs größten und reichsten Unternehmen der Welt sind fünf Erdölkonzerne. Mit Öl hält man Traktoren am Laufen, werden Düngemittel und Pestizide produziert, riesige Felder bestellt und Nahrungsmittel um die ganze Welt transportiert. Wenn wir einen Weg finden könnten, auf Erdöl zu verzichten, hätten Permakultur und Agrarökologie eine Chance, zum Einsatz zu kommen. Aber nachdem unsere Zivilisation durch fossile Brennstoffe angetrieben wird, stellt sich die grundsätzliche Frage, ob ein solcher Wandel überhaupt denkbar ist.

Nach zwei industriellen Revolutionen im 19. und 20. Jahrhundert, in denen wir die fossilen Kohleschichten abgebaut und damit unsere Zivilisation angetrieben haben, ist die Atmosphäre mit CO_2 gesättigt. Wir stecken mitten in einem Klimawandel, dessen Folgen bereits dramatisch zu spüren sind und dessen Tempo wir alle trotzdem gründlich unterschätzen. Erschreckend am Klimawandel ist, dass sich der Wasserkreislauf ändert. Auf unserem Planeten hängt alles vom Wasser ab. Der ganze Wasserkreislauf der Erde ist gestört. Was folgt, sind heftigere Katastrophen durch Wasser: massive Schneefälle im Winter, dramatischere Überschwemmungen im Frühling, längere Trockenperioden im Sommer, mehr Hurrikane der Kategorie 3, 4 und 5, sowie Tsunamis und Taifune. Unsere Ökosysteme verkraften so dramatische Veränderungen nicht, sie brechen zusammen.

Alle wissenschaftlichen Studien sagen uns: Derzeit erleben wir das sechste Massenaussterben der Menschheitsgeschichte innerhalb von 450 Millionen Jahren. Experten sagen es uns, aber wir scheinen es ihnen nicht zu glauben, jedenfalls leben wir so, als hätten wir ihre Expertisen nicht zur Kenntnis genommen, oder aber wir hoffen, dass sich die Sache schon irgendwie noch in den Griff bekommen lässt. In dem Moment, in dem der Chemiehaushalt kippt, kommt es zum Massenaussterben. Dabei lässt die Natur nicht mit sich verhandeln, wie der bekannte deutsche Astrophysiker und Naturphilosoph Harald Lesch in seinen Vorträgen nicht müde wird zu betonen. Es sei, sagt er, ein ganz großer Fehler zu glauben, man könne mit der Natur irgendwelche Geschäfte machen, Deals, die der reinen menschlichen Gier entspringen. Dabei geht es nicht einmal darum, von irgendwelchen Dingen mehr zu haben, sondern darum, etwas mehr haben zu wollen von einer total abstrakten Größe, nämlich von Geld, das es im Grunde genommen gar nicht gibt.

Das Paradoxe an der momentanen Situation besteht darin, dass die Experten in der Lage sind, Entwicklungen in der Natur extrem genau zu überprüfen und hochkomplexe Berechnungen anzustellen. Aber in weiten Teilen der ökonomischen „Elite" scheint sich niemand darum zu kümmern, was passiert, wenn wir so weitermachen wie bisher. Wenn die Erde die Zwei-Grad-Erwärmungsgrenze erreicht, wird Europa zunächst durchaus profitieren, aber in weiten Teilen der Welt, da, wo die Bevölkerung wächst, wird sonst nichts mehr wachsen. Gerade vor dem Hintergrund dieses wenig ermutigenden Befundes finde ich den Film „Tomorrow" eine wunderbare Initiative, möglichst vielen Menschen zu zeigen, dass es nicht nur Möglichkeiten gibt, diese Welt zu retten, sondern dass jeder Mensch dazu etwas beitragen kann:

Island und Reykjavik streben eine Zukunft ohne fossile Brennstoffe an. Ihr Ziel ist ein System, das zu 100 Prozent auf lokalen und erneuerbaren Energien basiert. Alle Energie soll aus Sonne, Wind und Wasser gewonnen werden. In Kopenhagen hat man fast 1 Milliarde Euro in den Bau von Windturbinen investiert und in Heizalternativen zu Kohle und Öl. Aus Kohlekraftwerken wurden Biomassekraftwerke. In Dänemark besitzen heute etwa 20 000 Menschen Windturbinenaktien, die zwischen 6 und 7 Prozent Rendite erzielen. Besser als jede Bank. Nach aktuellen Plänen wird Kopenhagen im Jahr 2025 völlig energieautark sein. Bis zum Jahr 2050 will ganz Dänemark sich mit einer Kombination aus Wind, Sonne, Biomasse, Wasserkraft und Erdwärme selbst versorgen können. Nicht wenige andere Länder auf der Erde bewegen sich in die gleiche Richtung. Island ist bereits jetzt zu 100 Prozent energieautark. Das einzige Problem sind dort jetzt „nur" noch die Autos.

In Frankreich, in der Schweiz, in Deutschland, in den USA, in Japan, in Italien gibt es Möglichkeiten, die fossilen Brennstoffe für Heizung und Heißwasser durch Geothermie zu ersetzen.

Auch in Entwicklungsländern ist das Potenzial riesig: Allein im Rift Valley in Afrika könnte man 15 Gigawatt geothermische Elektrizität gewinnen, zum Beispiel in Kenia und in Äthiopien. Das entspricht etwa 20 Atomreaktoren. Ein Watt Solarstrom hat 1970 66 US-Dollar Produktionskosten verursacht, heute sind es noch 66 Cent und der Trend geht gegen Null. Ist die Solarzelle einmal bezahlt, scheint die Sonne gratis. Auch der Wind stellt keine Rechnung, die Windturbine braucht nur etwas Wartung, aber die Kosten sind minimal. Dasselbe gilt für die Geothermie. Das ist eine Revolution von ungeheurer Tragweite. Wie sollen fossile und atomare Energie bestehen, wenn jeder seine eigene Energie zu minimalen Kosten produzieren kann?

Die vier großen Anbieter produzieren weniger als 7 Prozent dieses neuen Stroms. Sie können das deshalb nicht, weil sie vertikal strukturierte Riesen sind und zentral gesteuert werden. Doch die neue Energie ist überall. Also braucht es Kleinanbieter, die kleine Mengen produzieren, lagern und verteilen. Wenn Millionen von Kleinanbietern die Sonne nutzen, den Wind, das Wasser, Geothermie und Biomasse, sticht das die Atomkraftwerke aus. Alles in allem beweist „Tomorrow", dass dort, wo Menschen aktiv werden, aus einem Traum von heute die Realität von morgen werden kann.

Lyrische Notizen

johrtog

Es wäre nicht einfach mit mir gewesen, erinnert sich meine Mutter, wenn ich sie heute nach unserem Verhältnis in der Zeit meines römischen Studiums befrage. Der Theologiestudent habe, erinnert sie sich, in den Ferien nach Hause gekommen, Antworten auf Fragen geliefert, die ihm keiner zu stellen gewagt hat und auch sonst wäre sein missionarisches Sendungsbewusstsein kaum zu bremsen gewesen. Nachbarn habe er danach bewertet, ob sie am Sonntag die Kirche besuchten, und wer sich nur einmal im Jahr dort sehen ließ, wäre seiner Verachtung gewiss gewesen und wurde in langen Gesprächen mit seiner Mutter mit besonderer Häme bedacht. Ihren Einwand, wie lieblos das wäre, über Menschen so kleinlich zu denken, hätte der Student aus der Weltstadt beherzt ignoriert und im Zug nach Paris seiner Mutter geschrieben, um, wie sie vermutet, auch diesmal das letzte Wort zu behalten:

drei johr is heit her doss da vota is gstorbm
sogt die muatta za di kinda
und gwandnt di buabm
für di mess' di sie fürn vota gezohlt
vom wiesnwirt siehgst heit jung und olt
„gonz vurn in da kirchn di erstn zwoa bänk
wiesnwirtleit die seind heit für enk"
ruft da messna ganz aufg'regt den leitn entgegn
„mei" denknt die ondarn „wer kimmt denn do heit zwegn?"
so fongan se olle zan messfeiern on
und de kinda dei singan a liad dos man konn
und di ölteren leit dei singan a mit
lei di wiesnwirtleit dei singan nit

„da herr sei mit euch" hot da pforra hiats gsogt
mei hot sich da sepp mit da ontwort geplogt
„na richtig" so denkt er „man is do gor niamma heimisch
friah wors uanfach do wors noch lateinisch"
di mess' is voabei und da pfoarra werd g'ocht
na richtig so menschlich und schian hot ers g'mocht
und dos liad für'n vota wor zan zacha riahn
man müassat fast öfta in die kiarchn geahn
oba so is holt im lebm so is überall
da johrtog fürn vota is lei uamol
„vierzg schilling wor se wert dei mess' richtig wohr
vagölt's gott herr pfoarra und pfiat gott bis nexts joahr"

1974

weltreise

meine reisen
haben lange
vor meinen reisen
begonnen

kaum neun oder zehn
wünsch ich mir
mit dem bach
vor dem haus

mich auf und davon zu machen

in leoben in die lieser
zu münden
in gmünd mit der malta
zu wachsen

spittal mit der drau zu verlassen
und endlich
im wasser der donau
das meer zu erreichen

das alles
ereignet sich
lange bevor ich
mit opa

im opel rekord
übern katschberg
zum ersten mal
kärnten verlasse ...

2017

61

Ostern im Turm
14. bis 21. April 2017

Seit die Stadt Linz im Jahre 2009 Kulturhauptstadt Europas war, haben „Siebentage-Eremiten" die Möglichkeit, sich zurückzuziehen und die Stille zu üben oder besser sich selbst in der Stille zu erleben. Als Turmeremit, eine Woche lang ganz allein, auf Rückzug in der Türmerstube des Linzer Mariendomes. Immer schon wollte ich das machen. Und wie ich im Jänner dieses Jahres an einem eisig kalten Nachmittag vor dem Linzer Dom stehe, frage ich unumwunden nach freien Zeiten. Die einzige bis zum Sommer noch freie Woche ist dann auch die für mich einzig mögliche, die Zeit vom Karfreitag bis zum Freitag nach dem Ostersonntag.

Mit in den Turm nehme ich mir acht Gedichte, jedem Tag eines gewidmet beziehungsweise mir selbst zur Vertiefung „serviert", um es dort oben „von innen her" zu verkosten. Eines dieser Gedichte besingt die Sehnsucht nach der Stille und die aus unterschiedlichsten Richtungen kommenden Arten, daran gehindert zu werden. In unserem Alltag haben die Gründe dafür mit der unmittelbaren Umgebung, mit der hellhörigen Wohnung und der lauten Nachbarschaft zu tun, aber dann wohl auch immer wieder mit dem „Geräusch, das meine Sinne machen" (Rilke), mit mir selbst also, mit den Stimmen von innen her, mit dem, was laut wird, wenn ich leise zu werden versuche …

Das Schönste an diesen Tagen im Turm ist für mich die Erfahrung, in die Stille hinein wie von selbst singen zu können, mich abends alleine im Dom in einen Klangmantel zu hüllen, wie ein Kind, das im Wald zu singen beginnt, um damit die Angst zu vertreiben. Daraus ergibt sich von selbst ein ganz klarer Blick für die Menschen um mich, ohne die es mich so, wie ich hier bin, nicht gäbe. Für sie alle entzünde ich täglich im Dom meine Kerzen. Ein paar Wochen vor meinem Rückzug bittet mich Ingrid, ihr doch in drei Zeilen pro Tag vom Leben im Turm zu erzählen. Sehr bald ist mir klar: Drei Zeilen pro Tag, das schaffe ich nicht! Gerne aber schenke ich ihr ein Gedicht als meinen Eremitenexklusivbericht.

karfreitagsratschen locken
wie sonst glocken
menschen
zum gebet

auch ich hör ihre kunde
gehe im dom die große runde
und entzünde
kerzen

steig hinauf die vielen stufen
die nach eremiten rufen
bezieh mit rucksack meine klause
und fühl mich ziemlich schnell zuhause

freu mich,
dass ich von hier
den turm nicht seh' und sage dir:
hier ist der schönste ort der stadt

die weiß gott schönre türme hat
doch keiner ist so hoch wie dieser
in siebzig metern höhe ist er
mein kleines heim für sieben tage

da sitz ich nun und sage
nichts, versuch zu schweigen
und mache mir den raum zu eigen
und schau durchs fenster auf die stadt

die hat
mich bestenfalls verschwommen
in dieser höhe wahrgenommen
doch morgens am karsamstag latschen

kinder lachend mit den ratschen
als wären sie gespenster
vorbei an meinem fenster
anstatt hier oben zu verstummen

beginn ich mit der zeit zu summen:
lieder, die aus studienzeiten
mir sehr vertraut sind, viel bedeuten
ich sing sie einfach vor mich hin

wenn ich im dom alleine bin
und hinter mir das tor verschlossen
sing ich sie laut und unverdrossen
aus voller kehle innig heiter

das bringt mich weiter
als nur beten
und seelengartenunkrautjäten
mags auch für fromme unfromm klingen

für mich bedeutet beten singen
aus lust am klang zum ausdruck bringen
dass erd und himmel sich vereinen
wenn menschen danken hoffen weinen

zum glück hat uns die osternacht
glockengeläut zurückgebracht
mit mozart, händel, volksgesang
zaubert es reinsten seelenklang

mein fazit aus den linzer tagen
ist leicht in einem satz zu sagen:
unser singen alles klingen
braucht die stille zum gelingen

nutzloses schweigen

kehr heim in die stille
nur dort bist du dir
so nah und so da

dass du endlich einmal
ganz weg bist von dem
was dir manchmal zu viel wird

bis im nutzlosen schweigen
zwecklosen daseins
stille dich anrührt und wandelt

du im keller des herzens
verkostest von innen
gereifte erfahrung

mit heimweh nach ferne
im blick auf den vogel
im nest unterm dach

Juni 2017

63

Auf der Suche nach dem Menschen

Verneigung vor Diogenes von Sinope

„Geh mir nur ein wenig aus der Sonne",
sagt Diogenes zu Alexander,
der ihn einlädt,
sich zu wünschen,
was er ihm gewähren soll.
Die Schmähung habe, so Plutarch,
der Herrscher stolz ertragen,
vielleicht auch nur kaschiert,
denn wer verliert
schon gern als Großer
sein Gesicht
und wer will nicht,
erst recht ein Alexander,
noch glänzender als selbst die Sonne sein?
Doch ohne ihn ein zweites Mal zu schmähen,
könnte es ja auch geschehen
sein, dass Klugheit
hier Regie geführt,
die daher rührt,
dass einer, der regiert,
sich sagen lässt und spürt,
wie gut ihm einer tut,
der ihm als Mensch begegnet,
nicht als Untertan.

2017

Ganz richtig!

„Dass zwei Männer heiraten,
Arnold, so ganz richtig
ist das wohl nicht!?!"
– sagt die Mutter
des einen
der beiden
Bräutigame
zur Begrüßung
am Beginn
ihrer Hochzeit ...
Ich erzähl ihr
zum Trost
von der meinen
und davon,
dass dort
meine Mutter
zu meinem Trauzeugen Peter,
mit den gleichen Worten
gemeint hat,
dass es
aus ihrer Sicht
so ganz richtig wohl nicht ist,
als katholischer Pfarrer
zu heiraten ...
Ob der Mutter
von Thomas
meine Antwort
ein Trost war,

kann ich nicht sagen,
ich erzählte ihr nur noch,
was Peter mir sagte,
als ich ihn fragte,
mein Zeuge zu sein:
„Immer schon wollt' ich
bei der Hochzeit
eines katholischen Pfarrers
der Trauzeuge sein!"

fragen

(apg 2,3 & joh 16,23)

mit *gott zu reden*
ist beschwerlich
er spricht so leise
schweigt so gern

zu reden **über** *ihn*
gefährlich
so viele bilder
nicht erklärlich

doch **ohne** *ihn*
wird reden schal
weil zungen wie von feuer
fehlen

die unser reden
erst beseelen
beim lauschen staunen
und erzählen

wo menschen das
gemeinsam wagen
erleben sie
dialogie

sogar der theologe
verzichtet dann
auf monologe
stellt nur fragen

und hört die andern
andre fragen fragen
so hat ein jeder
jedem was zu sagen

die beste antwort
auf das fragen
ist und bleibt
das fragen ...

Pfingsten 2017

Zu guter Letzt

Als Zehnjähriger durfte ich in den Kärntner Nockbergen bei meiner Tante Halterbub sein. Oft bin ich heimlich aus dem Talkessel hinauf auf die Höhe gelaufen, um von dort ins Liesertal und weit darüber hinaus zu schauen. Jenes Gedicht von Rainer Maria Rilke, das mir jetzt dazu einfällt, kannte ich damals freilich noch nicht:

Ausgesetzt auf den Bergen des Herzens. Siehe, wie klein dort,
siehe: die letzte Ortschaft der Worte, und höher,
aber wie klein auch, noch ein letztes
Gehöft von Gefühl. Erkennst du's?
Ausgesetzt auf den Bergen des Herzens. Steingrund
unter den Händen. Hier blüht wohl
einiges auf; aus stummem Absturz
blüht ein unwissendes Kraut singend hervor.
Aber der Wissende? Ach, der zu wissen begann
und schweigt nun, ausgesetzt auf den Bergen des Herzens.
Da geht wohl, heilen Bewußtseins,
manches umher, manches gesicherte Bergtier,
wechselt und weilt. Und der große geborgene Vogel
kreist um der Gipfel reine Verweigerung. – Aber
ungeborgen, hier auf den Bergen des Herzens …[57]

Anmerkungen

1   Claudia Diewald, Ingeborg Scholz: Quitten. Geschichte – Anbau – Köstlichkeiten. Neumann-Neudamm, Melsungen 2010

2   Ebd., S. 7

3   Vaclav Havel: Versuch, in der Wahrheit zu leben. Rowohlt Taschenbuch Verlag, Reinbek 2000 (Erstausgabe 1978)

4   Zitiert nach: Kurt Marti: Leichenreden. Deutscher Taschenbuch Verlag, München 2011 (2. Aufl.), S. 27 (Erstausgabe erschienen 1969 bei Nagel & Kimche Verlage)

5   Grabrede für meinen Freund Hubert Luxbacher am 13. Dezember 2012 in Feldkirchen in Kärnten

6   Vgl.: Epikur: Von der Überwindung der Angst. Griechisch – Lateinisch – Deutsch. Herausgegeben, übersetzt, erläutert und eingeleitet von Gerhard Krüger. Aschendorff Verlag, Münster 2004 (2. Aufl.), S. 31

7   Vgl.: Rainer Maria Rilke: Das Stundenbuch. Das Buch von der Armut und vom Tode. In: Rilke: Die Gedichte. Insel Verlag, Frankfurt am Main 1995, S. 293

8   Ernesto Cardenal: Aus Sternen geboren. Das poetische Werk. Band 1. Peter Hammer Verlag, Wuppertal 2012, S. 129–131

9   Vgl.: Martin Walser: Ein springender Brunnen. Suhrkamp Verlag, Frankfurt am Main 1998, S. 129

10 Vgl.: Martin Buber: Die Erzählungen der Chassidim. Manesse Verlag, Zürich 1949/2014, S. 662

11 Vgl.: Arnold Mettnitzer, Ingrid Spona: Die Glücksstrategie. Das Beste gegen: Stress & Burnout, Müdigkeit & Antriebslosigkeit, Konzentrationsschwäche, Angst & Schlaflosigkeit. Kneipp Verlag Wien, Wien 2016, S. 118

12 Frei erzählt nach: Heinz Janisch, Silke Leffler: Ich hab ein kleines Problem, sagte der Bär. Annette Betz Verlag im Verlag Carl Ueberreuter, Wien 2007

13 Frei erzählt nach: In Geschichten uns wiederfinden. *Werkbrief für die Landjugend*, München, 4.Vj. 1977, Jahrgang 1977/78 II; S. 87

14 Frei erzählt nach: Harvey Cox: Stadt ohne Gott? Kreuz Verlag, Stuttgart 1967 (abgedruckt und zitiert nach: In Geschichten uns wiederfinden. *Werkbrief für die Landjugend*, Teil 2, München 1. Vj. 1980, S. 42

15 Frei erzählt nach: Lore Graf, Ulrich Kabitz, Martin Lienhard, Reinhard Pretsch (Hrsg.): Geschichten zum Weiterdenken. Ein Lesebuch für Schule, Gruppe und Familie. Kaiser Verlag München und Matthias Grünewald Verlag, Mainz 1979, S. 158

16 Mettnitzer/Spona: Die Glücksstrategie

17 Zitiert in: Rupert Lay: Bedingungen des Glücks. Ein Buch, um zu sich selbst zu finden. Bernward, Hildesheim 1993, S. 107

18 Brigitte Hamann: Elisabeth. Kaiserin wider Willen. Piper Verlag, München – Zürich 1989, S. 335 (Erstausgabe im Amalthea Verlag 1982)

19 Diese hier frei erzählte Legende wurde ursprünglich von Jörg Zink nacherzählt. In Geschichten uns wiederfinden. *Werkbrief für die Landjugend*, 4. Vj. 1977, Jahrgang 1977/78 II, S. 90

20 Martin Buber: Das dialogische Prinzip. Zwiesprache, Verlag Lambert Schneider, Heidelberg 1965, S. 161

21 Vgl. dazu Hermann Conen: Fastenzeit der Musik – zur Musik von Arvo Pärt. Im Begleitheft der CD ECM 1430, ARVO PÄRT, MISERERE. Published by Universal Edition AG, Wien

22 L. Annaeus Seneca: Epistolae morales ad Lucilium. Briefe an Lucilius. Band II. Herausgegeben und übersetzt von Rainer Nickel. Artemis & Winkler, Düsseldorf 2009, S. 431

23 Zitiert nach: Patricia H. Labalme, Laura Sanguineti White (Ed.): Venice – Cità Excelentissima – Selections from the Renaissance Diaries of Marin Sanudo. Translated by Linda L. Carroll. John Hopkins University Press, Baltimore 2008, S. 181–182

24 Vgl: http://www.kathpedia.com/index.php?title=Hadrian_VI.; abgerufen am 21. Juli 2017

25 Bei Plinius dem Älteren lautet der Satz in seiner „Historia naturalis" (VII, 106): „Etenim plurimum refert in quae cuiusque virtus tempora inciderit." – „Allerdings hängt sehr viel davon ab, in welche Zeit das Wirken eines jeden fällt."

26 Thomas Kaufmann: Geschichte der Reformation. Verlag der Weltreligionen im Insel Verlag, Frankfurt am Main – Leipzig 2009, S. 138 f.

27 Martin Buber: Das dialogische Prinzip. Ich und Du. Zwiesprache. Die Frage an den Einzelnen. Elemente des Zwischenmenschlichen. Verlag Lambert Schneider, Heidelberg 1965. Ders.: „Die Erzählungen der Chassidim", Manesse Verlag, Zürich 1949/2014. Die Schrift. Verdeutscht von Martin Buber gemeinsam mit Franz Rosenzweig. Verlag Lambert Schneider, Heidelberg 1954–1962

28 Buber: Das dialogische Prinzip. Zwiesprache. S. 158–159

29 Johannes Huber: Es existiert. Die Wissenschaft entdeckt das Unsichtbare. edition a, Wien 2016

30 Interview von Christian K. Narkiewicz-Laine mit Kiki Kogelnik. In: Kiki Kogelnik and the Venetian Heads „The Chicago Athenaeum" Museum of Architecture and Design, 1996 (Hrsg.: Berengo Fine Arts, Venedig, Italien und Galerie Judith Walker, Klagenfurt, Österreich)

31 Vgl.: Peter Handke: Begrüßung des Aufsichtsrats, suhrkamp taschenbuch 654, Frankfurt am Main 1981, S. 114

32 Vgl.: Joachim Bauer: Prinzip Menschlichkeit. Warum wir von Natur aus kooperieren. Hoffmann und Campe, Hamburg 2006, S. 21

33 Vgl. dazu die Erkenntnisse des internationalen Klangforschers Alexander Lauterwasser, erstmals zitiert in: Arnold Mettnitzer: Klang der Seele. Sinn suchen, trösten, ermutigen in Psychotherapie und Seelsorge. Styria, Wien – Graz – Klagenfurt 2009, S. 30

34 Vgl.: Jer 31,33 in der Übersetzung von Martin Buber

35 Vgl. zu diesem Abschnitt: Lutz Röhrich. Lexikon der sprichwörtlichen Redensarten. Band 2. Herder Verlag, Freiburg – Basel – Wien 1973, S. 415–417

36 Der Bildungskanal „ARD alpha" hat in den Jahren 2013 bis 2015 in insgesamt 27 Sendungen unter dem Thema „Auf den Spuren der Intuition" Fachleute danach gefragt, was wir uns unter „Intuition" vorstellen können. Die Inhalte der in den folgenden Abschnitten zu Wort kommenden Experten sind diesen Sendungen entnommen.

37 Diese und die übrigen zitierten Aussagen in diesem Beitrag stammen ebenfalls aus der Sendereihe „Auf den Spuren der Intuition" (ARD alpha, 2013–2015).

38 Johann Wolfgang von Goethe: Naturwissenschaftliche Schriften I. Werke – Hamburger Ausgabe, Bd. 13. Deutscher Taschenbuch Verlag, 1981 (8. Aufl.), S. 17

39 Vgl.: Das dreißigste Jahr, in: Ingeborg Bachmann: Sämtliche Erzählungen. Piper, München – Berlin – Zürich 2015 (11. Aufl.), S. 113

40 Ausschnitt aus 1 Kor 12,31–3,13 (in der Übersetzung von Fridolin Stier, Kösel Verlag, München 1989, und Patmos Verlag, Düsseldorf 1989, S. 376 f.

41 Jorge Bucay: Geschichten zum Nachdenken. Ammann Verlag, Zürich 2006, S. 12

42 Martin Gutl: In vielen Herzen verankert. Ausgewählte Texte. Auswahl und Nachwort von Karl Mittlinger. Styria Premium, Wien – Graz – Klagenfurt 2014, S. 17

43 Vgl. dazu: Andrea Hlinka. Der Aufstieg der Gebenden, In: *Kurier/ Karrieren*, 10. 8. 2013, S. 4

44 Adam Grant: Geben & Nehmen. Warum Egoisten nicht immer gewinnen und hilfsbereite Menschen weiterkommen. Droemer TB, München 2013

45 Ebd., S. 13

46 Vgl.: André Gide: Aus den Tagebüchern 1889–1939, ins Deutsche übertragen und ausgewählt von Maria Schäfer-Rümelin. Büchergilde Gutenberg, Frankfurt am Main – Wien – Zürich 1965, S. 312–313

47 Vgl. dazu: Alfred Adler: Menschenkenntnis (1927), herausgegeben von Jürg Ruedi. Verlag Vandenhoeck & Ruprecht, Göttingen 2007, S. 200

48 Andrew Newberg, Mark Robert Waldman: Der Fingerabdruck Gottes. Wie religiöse und spirituelle Erfahrungen unser Gehirn verändern. Kailash Verlag in der Verlagsgruppe Random House, München 2010

49 Vgl. dazu: Newberg/Waldman: Der Fingerabdruck Gottes, bzw. Mettnitzer/Spona: Die Glücksstrategie

50 Handke: Begrüßung des Aufsichtsrats, S. 114

51 Vgl.: Bernhard von Clairvaux an Papst Eugen III.: Betrachtungen. Zitiert in: Wunibald Müller: Gönne dich dir selbst. Vier-Türme-Verlag, Münsterschwarzach 1998, S. 11

52 Vgl.: https://www.youtube.com/watch?v=Az7lJfNiSAs&sns=em, abgerufen am 21. 7. 2017

53 Vgl.: Mettnitzer: Couch & Altar. S. 36–37

54 Hans Küng: Existiert Gott? Antwort auf die Gottesfrage der Neuzeit. R. Piper und Co Verlag, München – Zürich 1978, S. 665

55 Vgl.: Peter Handke: Langsame Heimkehr. Erzählung. Suhrkamp Verlag. Frankfurt am Main 1979, S. 140–141

56 TOMORROW. Die Welt ist voller Lösungen, ein Film von Cyril Dion und Mélanie Laurent, Frankreich 2015, Laufzeit 116 Minuten. „Vielleicht der wichtigste Film des Jahres. Zweifellos eine der besten Dokus in jüngster Zeit", schreibt dazu die *Hamburger Morgenpost.*

57 Vgl.: Rainer Maria Rilke: Die Gedichte 1910 bis 1922. In: Rainer Maria Rilke: Die Gedichte, Insel Verlag, Frankfurt am Main und Leipzig 2006, S. 621

Zu den Bildern in diesem Buch

S. 33 bis 36: Michael Kos (geb. 1963), Surrogat, Mappings, Land-karten auf Karton in Alubox, 100 x 100 x 8 cm

S. 67 bis 70: Markus Lüpertz (geb. 1941), Buchstützen signiert und nummeriert 553/998, Bronze bemalt, je 18 x 16 x 14,5 cm

S. 121 bis 124: Franz Yang-Mocnik (geb. 1951), Metanoia, 1994, Mischtechnik auf Leinwand, 160 x 160 cm

S. 157 bis 160: Harald Schreiber (geb. 1952), Nepomuk, 2009, Marmor, Römersteinbruch Gummern, Kärnten, 35 x 35 x 16 cm

Alle Kunstwerke befinden sich im Besitz des Autors.

Inhalt

Eine Einladung zu engagierter Gelassenheit

Wovon ein Mensch überzeugt ist, erscheint manchmal so felsenfest und unumstößlich wie ein Gebirgsmassiv. Dann aber bringt der unvermutete Lauf des Lebens diese innere Ordnung unerwartet durcheinander. Die Welt gerät ins Wanken, der Boden unter den Füßen trägt nicht mehr ...
Der Theologe und Psychotherapeut Arnold Mettnitzer filtert aus der Fülle seiner Erfahrungen persönliche Überzeugungen heraus. Was ihn trägt, auf was er baut, was er hoffen lässt, findet er nicht in Lehrbüchern, sondern in der Schatzkammer persönlicher Lebensweisheit.

Arnold Mettnitzer

Was ich glaube

Überlegungen & Überzeugungen

192 Seiten,
Hardcover mit Schutzumschlag,
mit Farbabbildungen
978-3-222-13511-8
€ 22,90

STYRIA
BUCHVERLAGE

Wien – Graz – Klagenfurt
© 2017 by Styria Verlag Wien in der
Verlagsgruppe Styria GmbH & Co KG
Alle Rechte vorbehalten.
ISBN 978-3-222-13572-9

Bücher aus der Verlagsgruppe Styria gibt es
in jeder Buchhandlung und im Online-Shop
www.styriabooks.at

Coverfoto: Willi Pleschberger
Covergestaltung: Emanuel Mauthe
Satz: Hannes Strobl, Satz·Grafik·Design, Neunkirchen
Lektorat: Elisabeth Wagner

Druck und Bindung: Christian Theiss GmbH, St. Stefan i. Lavanttal
Printed in Austria
7 6 5 4 3 2 1